いい家を
つくるために、
考えなければ
ならないこと

《住まい塾》からの提言

高橋修一

平凡社

高槻の舎 玄関アプローチと外観 © 栗原宏光

高槻の舎 庭側から眺めた居間　© 栗原宏光

高槻の舎 2階寝室 © 滝浦哲

高槻の舎 1階ダイニング © 滝浦哲

八ヶ岳山房 玄関前に設えられた木製のデッキ ©栗原宏光

八ヶ岳山房 ロフトから広間を見下ろす　© 栗原宏光

八ヶ岳山房 広間から森を見る　© 住まい塾

八ヶ岳山房 階下の書斎・書庫　© 栗原宏光

いい家をつくるために、
考えなければならないこと

目次

終章　住まい塾の家づくり

この本の出版を楽しみにしてくれていた
ジャズ喫茶ＢＵＮＣＡの山口千代子夫人に献ぐ

いい家をつくるために、
考えなければならないこと

まえがき

〝観る眼なくしていいものは手に入らない〟

これは古美術・骨董の世界に限ったことではなく、住宅についても同じことがいえます。なかには幸運や偶然ということもあるでしょう。しかしやはり観る眼がなければ、よくもないものを勘違いして求めてしまったりするものです。

古美術・骨董ならば失敗の経験を積みながら眼を養うこともできますが、住宅の場合はそうはいきません。昔の人は〝三度建てないと満足のいく家は建たない〟などと言ったようですが、これ式でいえば、ほとんどの人が満足のいく家が建てられないことになります。

この話には一理あるにしても、私の経験からいうと、一度で満足のいく家を建てられる人もいれば、三度建てても建てられない人は建てられない――これが現実のように思います。できれば一回で満足のいく家を建てたい――ほとんどの人がこう望むはずですが、悲しいかな、〝観る眼〟ができないうちに、多くの人が家をつくり、買うのです。普通に考えれば〝失敗するのは当たり前〟のような状態で多くの家づくりが進められるのです。このことは、はっきりと自覚しておいた方がいいように思います。

多くの人が望みながら、なぜこれほどまでに魅力ある家ができていかないのか――この本の目的とするところは、その原因を明らかにし、かつそこから脱出するための具体的方策を提示することにあります。

住まい塾は1983年、「現代の住宅のあり方は問題だ」とする設計者、施工者・職人、ユーザーが一堂に会して〝豊かな住宅を、訓練を経た人々の手で、しかもローコストで〟とうたってスタートしました。あれから三十数年、東京・大阪で毎月行ってきた定例勉強会は、見学会を含めると延べ600回を超えます。

その間の私の関心事は、

第一に、日本はなぜこれほど貧しい住宅を生み続けるのか

第二に、どうすればこの状態から脱け出すことができるのか

この2点に集中しています。

そしてこの本を世に送るもう一つの動機は、情報過多の時代にあって、多くの人が、知らなくていいことを多く知り、知るべきことをあまりにも知らない、という現実を感じ続けてきたからでした。

完成後1年が過ぎた頃にその家を訪ねると、住む人達の表情がずいぶん変わっている――イライラしていた子供達、そして奥さんの表情がずっと穏やかになっている。こうしたことを私はこ

れまで幾度も経験してきました。これは単に器としての家が変わったというよりも、日々身を置く生活空間の質が変わったことによって、何か内面に大きな変化が生じたのだと考えていいものでしょう。

家は単なる「住むための器」ではありません。住む人の生活や心のあり方に深く影響を与え続けていくものです。それゆえに家の問題は、人生の重要な問題として改めて捉え直されなければならないのです。家は〈我々の生活文化を育む土台〉でもあり、また〈精神の安定を醸成する土壌〉でもあるからです。

いい家をつくる完璧な方法などある訳がありませんが、こんな思い、こんな方法、こういうやり方で家づくりに臨めば、一度で満足のいく家が建てられる可能性が高まる――その方法をこれから述べていきます。

これから家をつくろうとする人はもちろんのこと、日本の住宅や暮らしに関心を持っている方々にぜひ読んでほしいと思います。

ここには無駄なことは一切書かれていません。生涯一度の、しかも長期のローンを組んでやっと手に入れる家づくりなのですから、肩の力を抜きながらじっくり読んで、それから家づくりに臨んでほしいと思っています。

第一章　いい家のために、まず考える

現代の家づくり

真に求めていることに気づく

これまで全国で700棟余りの家に携わってきましたから、さまざまなケースに出会ってきました。新築直後から「住む気がしない」といって建て替えの相談にみえた人。築後5年で半分を、7年で残り半分を大改造して、新築するほどにお金がかかった人。築後12年で「なんにも惜しくない」と建て替えを決心した人――大きな家でしたが、生涯住むのだから、と決心したのでした。

これほど明らかな失敗ではなくとも、満足のいく家づくりをたくさんの人が夢みているのに、どうしてこういうことが起きるのか――。それは多くの人々が真に自分が求めているものに気づかぬまま家づくりに臨んでしまうからだと思います。真に求めているものと、できあがっていく家との間に大きな乖離《かいり》があるのです。

この〝真に求めているものに気づく〟ということは〝自分の内に真の自分を発見する〟ことでもありますから、そう簡単なことではありません。雑多な知識を山のように詰め込んだとて、足を棒のようにして展示場歩きをしてみたところで、おそらくは発見できないものです。

神経症に陥った家づくり

私は1年の約半分を信州の山の中で暮らしています。山中で観察していると、野鳥でも野ネズミでも、巣にふさわしいところを、直感をフルに働かせて選んでいることがわかります。陽の当たり具合、風通し、身の安全を保ちやすいところかどうかなどを、分析的にではなく、それこそ野生の直感をもって選んでいます。

こんな様子を見ていると、脳が発達した人間ほど情報やデータに振り回されて、肝心の住みかに何を求めているのかが判らなくなっている動物はないように思われます。野生動物の巣づくりは、断熱性や気密性、防音性などを頭で考えたり、知識やデータに頼らなくても、巣としての本質を総合的に満たしています。時には判断ミスもあるようですが、彼らの直感は自然の中で鍛え抜かれているだけに、たいしたものだと感心させられます。

「頭のいい人間だからこそ事前に対策を講じられるのだ」という人もいますが、データに頼らなければ判断のできない人間が年々増えているような傾向を見ると、危険を回避する策を講じることが、かえって人間の直感を退化させ、生きる力を弱めているとも思われるのです。

手摺《てすり》の高さなども法律で事細かに決められ、誰かが落ちでもしたら「法律が悪い」「役所の管理責任だ」「設計の落度だ」と騒がれる御時世ですが、そんな危険は、そもそも自分で判断できなければならないことです。怪我をして、痛い目に遭って人間は学んでいく、とはつい先頃までは当たり前の話でしたが、こんなことは自分の子供には言えても、他人には言えない時代になってしまいました。これは生物的には明らかに〝退化〟と呼ぶべきものでしょう。

安全のことばかりでなく、家づくりが年々、神経症的になっていくという指摘は、ものづくりの現場の各所から聞こえてきます。生物であることから遠ざかり、年々チマチマと病的になっていく住宅の世界を、もう一度大らかな生物の棲《す》みかに戻していきたいと思い続けてきました。

情報が多過ぎるせいだとも、精度のよい工業製品だらけになったせいだともいわれますが、周りのせいにばかりせず、〝自分のせい〟と思い切って取り組んでいくことが必要だと私は思います。

住宅はもっと大らかにつくっていいものです。その方がかえって我々に住む喜びを与え、住みかとしての実感を与えてくれるというものです。

いい家とはどんな家？

〝いい家とはどんな家をいうのか〟をまず考えてみましょう。これが明確になれば、いい家ができない原因がどこにあるかも判ってくるからです。

住まい塾の勉強会でも、幾度か皆さんに尋ねてきました。答えはこんな風です。

・構造がしっかりしていること
・施工技術がしっかりしていること
・素材がしっかりしていること
・性能がいいこと

しかし、こういう意見もありました。

・人間と同じで、丈夫で長持ちすりゃいいってもんじゃない
・〝伝統の技〟というので見に行ったが、家のスタイルが古くさくて魅力がなかった
・自然素材の家といっても、家そのものが野暮ったくて、住む気がしなかった
・性能がいいというので建てたんだが、愛着が全く湧かない

これを見ても判る通り、構造・技術・素材・性能だけでは満たし切れない何かがある――それは家としての〝魅力〟、言いかえれば出来上がった家の〝空間の質〟といったことになるでしょう。

感想カードを読んで感じるのは、明快な言葉にはならなくとも、皆さんはよく判っているとい

うことです。構造・技術・素材・性能などは、住宅の欠くべからざる要素ではあっても、それらが〝空間の質〟として結実しなければ〝いい家〟とは呼べないことを身体で感じ取っているのです。

この〝空間の質〟を決定づけるものとはいったい何なのでしょうか。

それは、家に込められた構想力、生活を豊かにイメージする力、つまり〝設計力〟といっていいものです。これを欠いていては、いい家は決してできません。設計のことなど考えたことがない人でも、その重要性は潜在的に判っているのです。判ってはいても、明確に気づいていないのです。ですから、「設計」の段階を飛び越えて、いきなり「いい大工さんはどこにいるか……」「いい工務店は……」と探し回ることになるのです。丈夫で長持ちすれば十分という人はともかく、多くの人は家にそれ以上の魅力を求めているはずなのにです。

最終的に出来上がる空間に魅力がないなら、しっかりした構造も技術も、自然素材も性能も、真の意味を為さなかったといっていいでしょう。魅力がない空間は、住宅としての決定的要件を欠くのです。

住宅の「質」が変わった

いい家とはどういうものかを述べましたが、それを成立しがたくしている時代状況があります。その第一が「スピード」の問題です。展示場で住所などを書き残してこようものなら、営業攻勢にあい、契約をせっつかれ、家づくりを学び、生活プランを楽しむ間もなく、あっという間に家ができてしまいます。

こと木造住宅に関していえば、現在のような家づくりのスピードでは、素材も工業化された「新建材」と呼ばれるものをどんどん取り付けていくのでなければ工期に間に合いませんし、職人もせっかく身につけた技を全く発揮できません。金物を多用せず、木と木を組んで粘り強い骨組をつくることから始めるような無垢の木を中心とした仕事は、2、3ヶ月の工期では到底不可能なのです。

現代はこうしたスピード違反状態の中で、技も人も育てず、金だけがせわしなく回る時代となってしまったのです。

「職人なんだからよぉ。たまには燃えてやってみたいじゃないの……いつもくすぶってばっかりじゃよぉ……そのうち火もつかなくなっちまうわ」

工事現場で、ベテランの職人のこんなつぶやきが聞こえてきました。最近の職人事情がこの一言に集約されています。音楽の演奏者なら、演奏会に臨めば持てる力をせいいっぱい発揮しようとするでしょう。建築の職人だって思いは同じです。腕を磨いてきた職人であればあるほど、意欲のある職人であればあるほど――。しかし今は多くの現場がそうはさせないのです。

「昔は、時どき突貫工事ってものがあったけどよ、今はいつでも突貫工事だ」

おそらく大多数の職人がこの声に同感でしょう。

今の職人達は、「いい腕かどうかはともかく、予算と時間に合わせて仕事してくれりゃあ、それでいいんだよ」と言われ続けているようなものです。この異常なスピードと、住宅の悲しい状況を生み続けてきた原因は何なのか――50年近く建築の世界に生きてきて感じるのは、「ものづくりの世界」だった住宅の世界が、すっかり「産業の世界」「商いの世界」に様変わりしてしまった、という事実です。

みんなもっと適正なスピードで、じっくりつくればいいようなものですが、早くできるところが出てくれば、まわりが引きずられていかざるを得ない――この流れに、職人達は巻き込まれていくのです。

30～40坪の家が数ヶ月で完成するなんて、つくる立場からすれば真面《まとも》ではありません。少なくとも、つくりながら悩んだり、考えたり、工夫したりして出来上がっていく「ものづくりの世界」とは違う。誤解している人が多いので申し上げておきますが、かつてと同じような住宅が、技術革新によって早くできるようになった訳ではありません。住宅そのものが「早く出来上がる性質のもの」に変質してしまったのです。

技術も人も育てない

今の家づくりは技術も人も育てません。このままいけば技は絶え、いい住宅をつくりたいと望んでも、もうできない、という時代がやってくるでしょう。職人達の「やっていておもしろくない……」という素朴な言葉は、「俺達はあとを継ぐ人間を育てないよ……」と表明していると見ていいからです。

それでも職人達に接していて感じるのは、こんな状況であっても、職人としての魂を取り戻したいと望んでいる人々が少なからずいる、ということです。家をつくろうとする建主も設計者も、仕事を依頼することで職人達のこうした思いに応えていかなければならないと思うのです。育て合うこと――これなくして未来は拓けてこないのです。もし住宅の世界が職人を育てる機能を失ったら、社会は職人を育てる土壌を失うといっても過言ではありません。

大工さんの職人としての人生を40~50年と考えれば、建主の注文による1軒はこの大工さんの生涯の少なくとも50分の1に影響を及ぼすことになります。この仕事の内容が、我々設計者との出会い、ひいては建主との出会いに大きく影響されることになります。建主である皆さんのあり方が設計に影響を与え、その設計内容が職人の仕事に影響を与える――そうしてできた家が、皆さんの生活に影響を与えていくという循環ができていくのです。

人に目を転じれば、建主と我々と、職人達の生涯は確実に影響を及ぼし合う関係にあります。

人間はそれぞれに育て合う関係にあるという自覚を、我々は呼び戻さなければならないのです。

魅力にとぼしい原因

「狭さ」が問題？

なぜ、日本の住宅は貧しいと諸外国からいわれるのでしょうか。敷地が狭くて、家も狭いから？　私はそうは思いません。私の小さな山小屋（16坪＋ロフト8坪）を訪ねたイギリス人夫妻は、とても魅力的だと言って、帰国後、最も印象に残ったところの一つになった、と手紙をくれました。彼らの家は何倍も大きいに違いないのです。でも小さくとも魅力のあるものは魅力がある。広くとも魅力のないものは魅力がないのです。

日本には狭さの文化というものがあります。茶室はいうに及ばず、私が時々手がける3畳ほどの小さな畳部屋など、アメリカ人などは、「ここで何をするのか？」と思うようですし、4畳半の和室にベッドルームなどと書き込むと、「こんな狭い部屋でどうやって寝るのか？」と不思議に思うようです。

日本人の生活もかつてのような和式ではなくなりましたが、それでも伝統的に狭いところになじんでいますから、うまくやりさえすれば、広くては得られない狭さゆえの楽しみを創り出していくことができるのです。広さも使いようなら、狭さも使いよう、というものです。

貧しさの根源にあるもの

ユダヤジョークの本に「世界最悪の生活は?」と聞かれて、「日本の住宅に住み……」と答える条《くだり》がありました。ちなみに「世界最高の生活は?」と聞かれて、「日本女性と結婚し……」となっていました。こんな話の種にされるほど、日本の住宅の貧しさは国際的に有名なようです。

これを皆さんはどう受け止めるでしょうか。「経済的にこれほど豊かになった国でありながら……」という条件付きの揶揄《やゆ》かもしれませんが、しかし胸を張ってそんなことはない、と言えない何かがやはりあるのです。この貧しさの要因としてどんなことが考えられるかを勉強会で話し合ってみました。その時の意見を列挙してみましょう。

第一に、狭い
第二に、高い（価格）
第三に、長持ちしない
第四に、材料がいいかげん
第五に、環境問題を引き起こす

第六に、職人技術が低い
第七に、完成が早過ぎる
第八に、家に魅力がない／住む気になれない

第一の狭い、第二の高い、は疑う余地がありません。以前、あるアメリカ人建築家が講演した際、映像を見せながら「このリビングはとても狭くて……」と解説して、通訳の方が「狭いとはいっても30畳ほどあるんですが……」と言葉を添えたので、会場から笑いが出たことがありました。だいぶ落ち着いたとはいえ、日本は土地は高いし、建設費も高いですから、狭い、高いは致し方のないところでしょう。

第三の長持ちしない、はどうでしょう。日本では新築住宅の平均寿命は長く見ても三十数年がいいところです。人の寿命は延びているのに、住宅は短命化というのでは割に合わない気がします。この長持ちしない原因を皆さんは構造の問題と考えるようですが、今時、構造的に危なくなって壊されるケースなどめったにありません。では、なぜ長持ちしないのか。

私はこの問題を、第四の素材の問題を主原因とする「愛着の問題」だと訴え続けてきました。構造上どんなに丈夫な家をつくっても、愛着の湧く家でなければ、長寿命にはならないからです。また、第四の素材の問題は、内にあってはシックハウス症候群を生み、外にあっては大量のゴミ

問題を発生させてきたのです。

第七の完成が早過ぎる、は、「そそくさと設計を済ませ、さっさと契約し、あっという間に家が建つ」、あのことです。ある分譲地に地鎮祭でうかがった折、隣地でも地鎮祭をしていたので、挨拶し合ったのですが、我々が上棟式《じょうとう》に行った時には、隣家はすっかり完成していました。こういう例はめずらしくなく、驚く方がおかしな目で見られる御時世となりました。

第七と第四、第六はセットの問題ですし、第三と第四・第五・第七は同根——即ち、飽きがくることに起因するのです。

第八の家に魅力がない、住む気になれないという指摘は総合的なものですが、住宅として最も本質的な問題といっていいでしょう（魅力の乏しい原因は設計力・構想力に問題がある、との指摘がなかったのは残念でしたが……）。

さらに一歩踏み込んで考えてみましょう。確かに日本の住宅には、ここに挙げたような問題があることは事実です。しかし重要なことは、このような分析的な要素によらずとも、〝貧しい！〟と瞬時に直感させる何かがあるということです。

狭くてもすばらしい家はたくさんありますし、価格が高いか安いかなどを知る前に、すでに〝貧しさ〟を感じさせる家もあります。高価な材料や自然素材を使ったところで、この貧しさからは脱しきれないのです。流行《はや》りの性能表示がいかによい数値でも、貧しいものは貧しい——このように我々に直感させるものはいったい何なのか。

それが、その住宅の持つ空間の質なのです。我々が直感するのは、身を置いて暮らす、肝心要の空間そのものの乏しさなのです。これこそが「日本の住宅は貧しい！」と直感させる第一の原因となっているのです。いかに「住宅が頑丈にできている」「高い性能を誇る」といっても、それをもってこの貧しさを払拭することはできません。そういう意味で、第八の指摘は総合的で最も本質的なもの、最も大切にされなければならないものといえるのです。

住み手にも原因が……

住宅の貧しさを生んできた根底には、日常生活そのものに対して抱くイメージの貧困があるという実感は、私の中で年々確信に変わってきました。これは「生活」のあり方——暮らしぶりの問題でもあります。

広いとはいえない室内に所狭しと物が置かれ、肝心の人間のためのスペースはほんの僅《わず》かといった例はごく当たり前のものになりました。家を訪ねて、どこの貸倉庫を訪ねたのかと思うようなケースもありますし、壁面いっぱいに積み上げられた段ボール箱を見て、「もう引っ越し準備ですか？」と聞いてしまった家もあります。

こんな生活がいやだから新しい家をつくるのだ、という気持は判りますが、片付かぬ家は大きくしたところで片付かぬものです。

私は設計に入る前に必ず、現在の住まいと暮らしぶりを見せてもらうことにしています。別段、点検にうかがう訳ではありませんが、「見たらイメージが湧かなくなるわよ」と言う人もいれば、「2階はダメ！」なんて言われたこともあります。

こちらは700戦練磨ですから、見なくても察しはつきますし、少々のことでは驚きませんが、それでも驚くことがあります。あのベッドにどうやってたどり着くんだろう？　改装依頼を受けて、あまりの荷物の多さに「取りあえずカーテンの交換だけを……」としたのに、カーテン屋さんから「あれではとても採寸できません」と電話がかかってきたこともありました。窓に近づけない、と言うのです。

これでは静かに音楽を楽しむどころか、花一輪、絵一枚すら楽しむ気分にもなれないでしょう。キャンドルの灯りで食事を——なんてことは夢のまた夢、そんな思いすら浮かばないに違いありません。それでいながらキャンドルの灯るレストランなどに足を運んでうっとりとし、音楽会に行っては「やっぱりいいわぁ」などとやっているのです。

さすがにこうした状態を多くの人がいいとは思わないらしく、「シンプルライフ」だの「簡単生活」、はては「捨てる技術」や「断捨離」といった内容の本がベストセラーとなるのです。

こういう事態に接していると、日本の住宅問題は、家そのものよりも、「生活のあり方」の方がよほど問題だ、と思われてきます。現在の住居でも、もっとましな、もっと豊かな暮らしができるのに、それを実践していないところに住宅問題の根っこがある、と気づく必要があります。

生涯の買い物にかける時間

日本の新築住宅の平均寿命は30年ほどといわれています。住宅ローンを払い終えたら家もほぼ終わりというのが現状のようです。そんなことではダメだというのなら、今主流となっている「そそくさと設計を済ませ、さっさと契約し、あっという間に家が建つ」やり方を改めなければなりません。

短くなる工期

ある日、我々のカーテン工事を担当してくれているHさんが夕方に見えて、スタッフと何やら打ち合わせをしていました。

「それで、見積はいつまでに出せばよろしいですか？」

「1週間以内で大丈夫です……」

このあとのHさんの反応がおもしろかったのです。

「1週間以内で大丈夫……なんて言ってくれるのは住まい塾さんだけ！　今は「FAX送ったからすぐに、遅くとも明日中には返事くれ！」……そういうのばっかし……」

気づかぬうちに我々は、時代の波に呑み込まれてしまっています。〝今はいつでも突貫工事〟と漏らした職人の声と重なります。

今、職人達の大きな悩みの一つは、いつも期限に追われていいるということだろうと思います。時間に追われ、せかせかと仕事をし、期限内に完成しなければペナルティを要求されるところもめずらしくないようです。突貫工事のきく住宅ならいざ知らず、手仕事の度合いが大きく、かつ、乾くのを待たなければ次の工程に入れないような仕事の場合には、思わぬ手間がかかったり、長雨などで工程に影響が及ぶことがあります。それでも〝契約は契約だから賠償するのは当然〟と主張する人がめずらしくない世の中となりました。ですから施工業者も職人も、とにかく焦り、期日に間に合わせようとする――急いでいいことはないと判っていても、そうするしかないのです。

契約社会には契約社会の筋道があって、一概に悪いとは言えませんが、筋も筋張っては失うものも多いことを念頭においておかなければならないように思います。

設計者も似たような状況に置かれています。期限に追われて徹夜まがいの仕事をしている設計事務所は殊の外多いようです。世のこういう仕事に耐えられるように、大学では矢継ぎ早に設計課題を出して徹夜に慣れさせるんだ、なんて冗談を聞いたことがありますが、それでも昔は「仕事に追われて」の徹夜だったのに、今は「時間に追われて」の徹夜なのです。契約社会の中で、工期が異常に短くなっているのですから、設計だけゆっくりやっている訳にはいかないのです。

三十数年で建て替える家を誰も望んではいないのに、今はそれが普通のことになっています。もちろんつくった方に第一の責任はありますが、頼んだ側にも大きな責任があります。生活に与える家の影響の大きさをしっかり学ばず、ほぼ一生涯のローンを組んで手に入れる住宅を、たった数ヶ月で完成させる安易さ――こういう反省に立たなければ住宅の短命時代はこれからもずっと続いていくことでしょう。

住宅が数ヶ月で完成すれば、その分、仮住まいのアパート代が浮くなどと、軽はずみにも勘違いしないことです。誰が詠んだものやら、

〝アパート代　浮かせたつもりが　永代ローン〟

という川柳がありましたが、経済的負担を軽くしたいのであれば、もっと腰の構えをしっかりして、長く住んでいたいと思える家をつくることが肝心です。

質を取るか、時間を取るか

〝家とは自分の顔である〟としばしば言われます。住む人のさまざまな面を表す、という意味で全くその通りだと思います。設計者や施工業者を選ぶに当たっての判断基準、価値観、美的感

覚、好み——工事に入ってからの職人達とのやりとり、そして住んだあとの生活ぶり——それらは隠しようもない形で住宅に表れていくからです。

Yさんは、工期には必要なだけ時間をかけて下さい、と言った後こう付け加えました。

「Yって男は、時間を急《せ》かせて、ゆえにこの程度のものを残しました、なんて札を下げて後世に残す訳にはいかないですからねえ……」

住宅をつくる際には、予算の制約もあれば、期限の希望もある。そうした条件の中で、「時間」と「質」のどちらを取るかを迫られる場面が出てきます。〝がんばれば、いいものが、早くできるんじゃないか〟と、簡単に考えがちですが、実際の仕事はそう簡単にはいきません。

10月頃に訪ねてみえて、「来年の3月までにはどうしても完成させたい」という場合、できる、できない、で言えばつくりようによってはできるでしょう。しかし、それは「期日までにつくれるものができる」ということであって、「がんばれば望む住宅ができる」という意味ではありません。「できます」という言葉は常に「どういうものが、どうできるのか」を吟味しなければならない危険な言葉なのです。

建主もつくり手の一人

現場を明るくする建主

『コンフォルト』（2006年8月号）に東京都杉並区につくった古美術ギャラリー（伊勢屋美術「壽庵《じゆあん》」）兼住宅が載っています。その中でオーナーの猪鼻徳壽さんは工事中の思い出をこんな風に語っています。

「一緒につくるという感じで……毎日楽しくて、出来上がったときはさびしいほどだった」

この文を読んで、こうなってこそものづくりの人間関係だ、と思いました。

家づくりは、「私住む人、あなたつくる人」ではうまくいかないものです。参加するみんなが大事なところで重なり合い、信頼の絆でつながっていかないと決してうまくいくことはありません。つくる人とは誰か。私に言わせれば建主も設計者も施工職人も、皆つくる人なのです。なかには「我々は希望を言い、頼むだけだ」と考える人もいるかもしれません。しかしそうではないのです。建主もれっきとしたつくり手の一員——これは長年この仕事に携わってきた私の実感です。

設計段階から完成までに果たす建主の役割には実に大きいものがあります。特に住宅は工事現場での人間関係が建物に色濃く反映されますから、建主の人間としてのありようまでもが問われるのです。

猪鼻さんの現場に与えた影響は、とても大きなものでした。「毎日が楽しくてしょうがなかった」というのは、気持が職人と一体だったからでしょう。長丁場の現場ですから、行き違いもあればミスも出る。そんな中、やる気を持って集まった職人達が、さらなるやり甲斐と喜びを与えられたのです。狭隘《きょうあい》敷地での難工事で、工期が1、2ヶ月遅れたにもかかわらず、施工者・職人を「本当に大変でしたね。御苦労さまでした」と心からねぎらってくれたのです。

その根底には、人間を最後まで徹底して信じ切る建主の人間性があったと思います。この現場では苦労をともにした良き思い出・良き人間関係が残りました。その貴重な土台の上に建物が完成したのです。

共感と信頼のスクラムワーク

家づくりは絵画や陶芸などと違って、建主からの依頼があって始まるものです。住む人の夢や希望があり、そこに経済的・社会的制約が加わり、さらに設計者の提案に対して、建主の共感と承認を必要とするのです。

ですから提案側の力量も無論問われますが、同時に建主側の希望のあり方、判断、そして承認のあり方も問われることになります。ここに共感関係が成立しなければ、設計はおろか、ものづくりは本当の意味では成立していきません。

単純化して考えれば、家は①建てたい人、②設計する人、③工事をする人、の三者が重なり合ってできるものです。図の斜線部分に家ができていくことになります（図1）。いい家ができないのはこの三者のどこかに、あるいは関係のどこかに問題があると考えていいのです。

魅力のない家が続々とつくられていく原因はいったいどこにあるのか——この問いを私はあちこちで投げかけてきました。しかし、みんな他人のせいにするばかりで、家づくりの構成員たる建主・設計者・施工者それぞれが自分のせいだとは考えないのです。貧しくしている原因者がいないのに貧しい住宅が続々と生まれてゆく？——ここに解決の糸口が見いだせない根深い問題があるのです。

ここは、「責任のなすり合いはやめよう！　関わっているすべての人に原因がある」と思い切る必要があります。そうすればたくさんの原因が見えてくるのです。どこにも原因者がいないのに問題の状況だけは生まれてくるなんてことは、あり得ないからです。

施工業者・職人はいったい何をつくるのでしょうか。「建物に決まっているじゃないか！」。多くの人がそう思うでしょう。しかし私は長年この仕事に携わってきて、考えが改まりました。

〝施工業者・職人が最終的につくり出すのは、生活のための空間〟。この空間を通じて住む人々に、安らぎ・安心・心

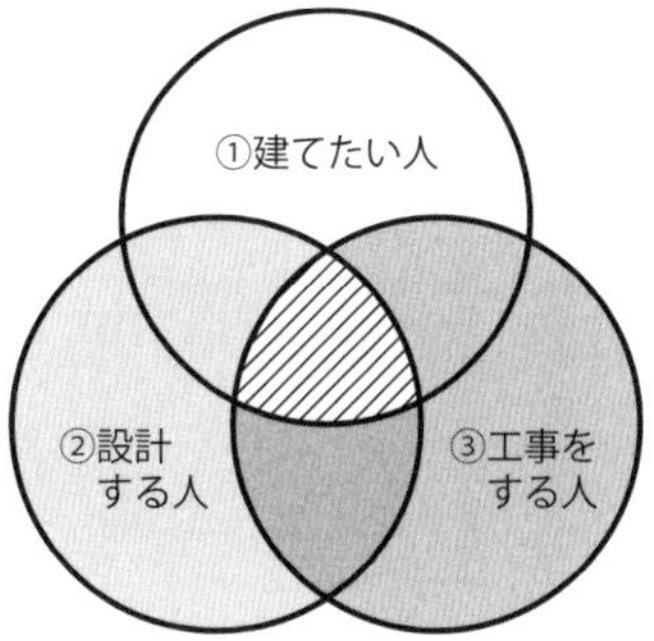

図１　三者の関係図

の安定・うるおいを与え得るのです。

私は自分の山小屋をつくってくれた職人達にいつも感謝しています。この職人達がつくってくれたのは実は山小屋そのものではなく、〝山小屋の空間〟——設計も職人達の技も労苦も、素材達の命も、全てがこの空間のために献《ささ》げられたのだ、と思うようになりました。

建主の夢と希望と要求に応える形で設計者が全体の構想を練り、施工職人達が建物をつくる。そして造園家が植栽を考え、最後に住み手が暮らしをつくる——この一連の生活空間づくりの一翼を施工職人達は担うのです。最終地点において〝安らぎの空間〟という形に結実してはじめて、〝三者の真のスクラムワークが成立した〟といえるのです。

伝統の技をどう生かすか

住まい塾の木造住宅には、長い歴史の中で培われてきた職人達の伝統の技が必要です。しかし、この伝統の技は残念なことに、住宅のつくりが簡単になるにつれて求められなくなり、職人は技を磨く場をも失い続けてきました。住宅が組み立てハウスになり、大工職人の多くは組立工のようになっています。結果、社会全体を見渡すならば、真の意味での職人は今や育たず、育てぬ時代となっています。

そんな状況の中、我々の求めに応じられる工務店・職人達は、おそらく全体の数パーセントにも満たないのではないかと思います。

技は古くから受け継がれてきたものですが、その一方で、我々の生活は大きく様相を変えてきました。住宅の本質はそんなに変わるものではないとはいえ、現実の生活を受け容れていく住宅は、時代の変化に対応していく必要があります。ここに「伝統の技」と「現代の生活」との融合の問題が生じてくるのです。

地方に行けばいまだ入母屋《いりもや》造りが木造住宅の最高のスタイルだと信じて疑わない職人達もいます。信じて疑わないというよりも、発想がそこから抜け出せないのです。技は優れていても、時代感覚、生活感覚という点で、生活者との間に大きなギャップが生じている——これが伝統の技が現代で安定した信頼を得られずにいる大きな要因だと私は感じます。

しかし、この問題を職人達に克服せよと言っても無理があります。ならば誰がこのギャップを埋めるのか——。

伝統の技を大事に考えている人達の中には、近代化ばかりが能ではないと主張する人がいます。私もそのように思う一人ですが、ならば住宅は古いスタイルのままでいいか、というとそんな訳にいかない。人間の暮らしの中には、時代が変わっても変わらない普遍の要素がありますが、一方、生活の質と形が変われば住宅のスタイルも変わっていくのが自然というものでしょう。ゆえに建主と施工業者・職人とのスクラムワークの中にあって、伝統の技を現代の住宅に融合させせ、調和を生み出すという設計者の役割が必要となってくるのです。

スクラムワーク――育て合う関係

大阪の完成見学会で、ある左官職人が「今の仕事はやっていておもしろないんですわ」と言いました。そして、「ウチの息子は完全に住まい塾の仕事で育ちました。住まい塾の仕事を増やしてもろて、どんどんやらせてもらいたい……」と言ったので会場から笑いが出ましたが、職人は商売上のことでそう言ったんではないと思います。

また棟梁は、「うまく言えないんだけど……住まい塾の仕事は、近くを通ったら、あれ、ウチ（自分が）やったやつやで！　と自慢できるような家だ」と。そう言ったら集まっている職人達がみんな拍手しました。職人達がこんな風に言える家が、今、どれだけあるでしょうか。

家を建てる人もつくる人も、この家で、この仕事で、本当に人と人が育て合えているんだろうか、つくる喜びを創り出せているんだろうか、と問うてみることが必要です。

第二章　建設コストの考え方

要望はできるだけしぼる

その坪数、必要ですか？

我々はよく「坪単価はいくらですか」とか、「坪単価が高い」あるいは「安い」といった言い方をします。一方、専門家からは「一般にいう坪単価などに根拠はない」という声をしばしば聞かされます。専門家がなぜそんなことを言うのか、一般の方にはその理由が判らないに違いありません。

坪単価というものは住宅の坪数（広さ）と工事費が決まれば、あとは割り算ですから簡単に計算できます。しかしこれは結果として出てくるものであって、内容を精査しないうちに「あそこは高い」だの「ここは安い」だのと簡単に判断できるものではありません。

同じ希望を言っても頼む相手――それは設計者であったり、ハウスメーカー、工務店あるいは大工さんであったりとさまざまですし、設計者によっても、またハウスメーカーや工務店によっても、それぞれに計画面積も内容も、大きく変わってきます。これを実例で見てみましょう。

Nさんの建設予算は3000万円ということでした。Nさんの希望に対して、大工さん（あるいは工務店）が提案したものは41坪、これに対して住まい塾が提案したものは34・5坪、これを単純に坪単価で計算すると、前者は坪73万円、後者は坪87万円となります。

坪単価で見ると前者の方が安い。しかしプランはご覧の通り〈図2：ラフプラン〈工務店・大工〉、図3：ラフプラン〈住まい塾〉〉全く違いますし、想定されている構造の仕組も、使う素材も、照明、建具金物、スイッチ、コンセントプレートに至るまでことごとく違う——即ち、出来上がる住宅の質と性格が全く違うのです。こうなると坪単価が安いからといって、うれしがる人は少ないのではないでしょうか。

後に詳述しますが、2000年に完成した「歯科医院プラス住宅」の例〈83頁〉でいうなら、同じ要望に対して、ハウスメーカーの計画は1億2000万円／98坪で坪約122万円、住まい塾の方は6500万円／69坪で坪約94万円——これなど、もともと69坪で済むものだったと考えれば、ハウスメーカーの方は法外な工事費であったということになります。

多くの方は自分の思い込みで必要な坪数を決めて、「40坪くらいの広さが欲しい。坪70万円なら、2800万円……90万円なら3600万円……これにプラス設計料では、設計者に頼むことなどやっぱり無理だ」などと諦めたりしますが、話は全く逆なのです。

経験してみれば判りますが、設計によって2、3割の面積ロスなどすぐに出てしまうものなの

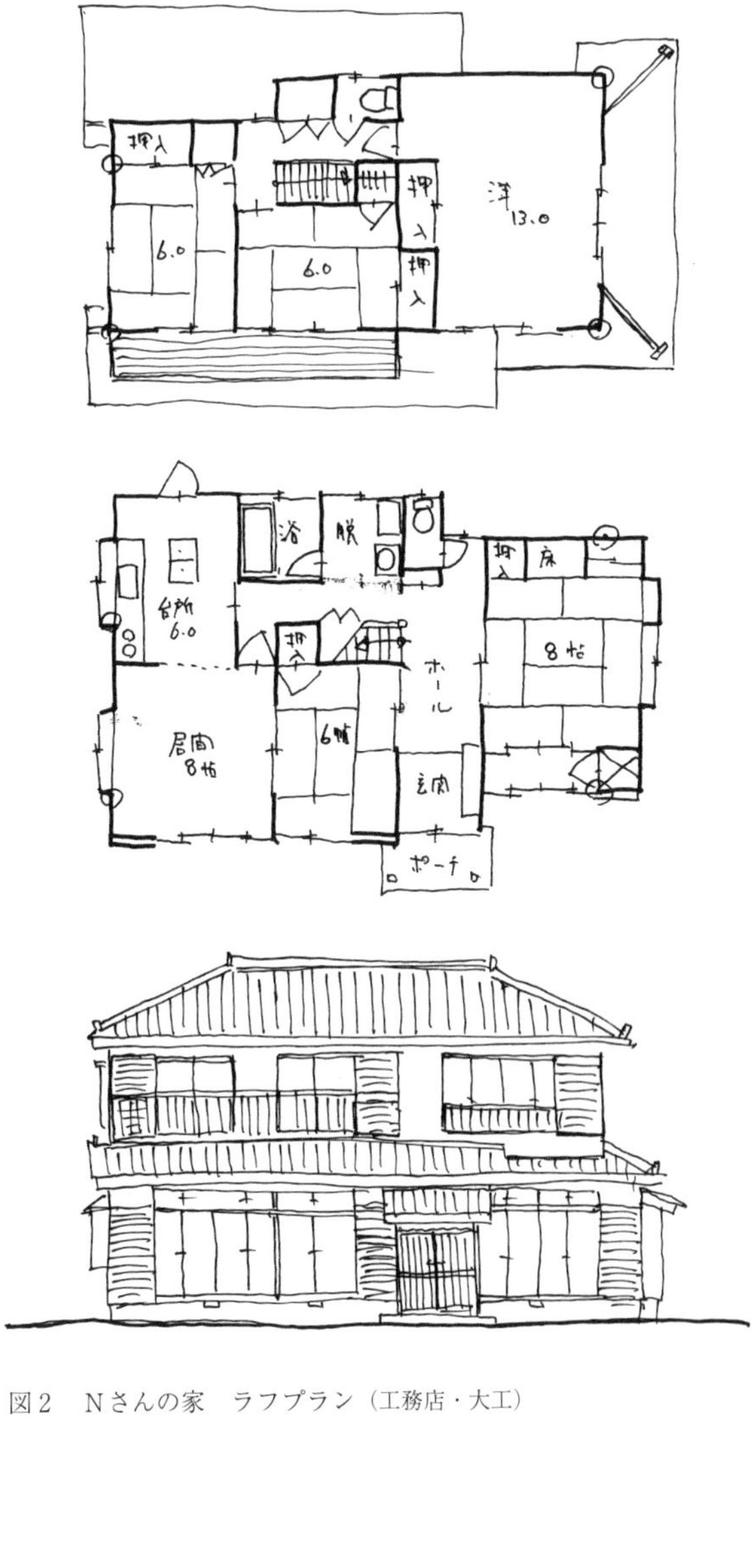

図2　Nさんの家　ラフプラン（工務店・大工）

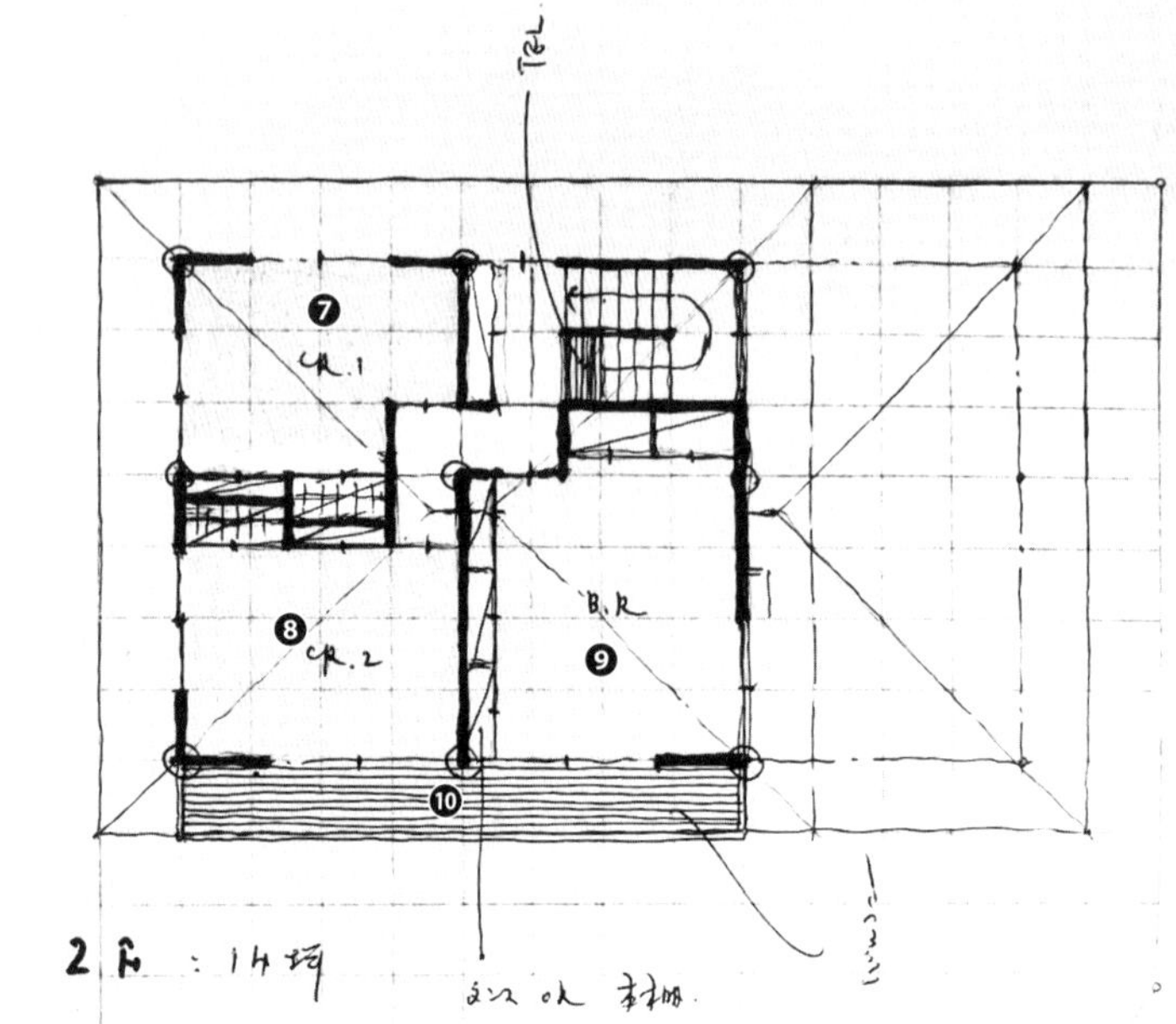

❶ 玄関
❷ リビング
❸ キッチン
❹ 和室
❺ 浴室
❻ デッキ
❼ 子供室
❽ 子供室
❾ 寝室
❿ バルコニー
○印は通し柱（計9本）

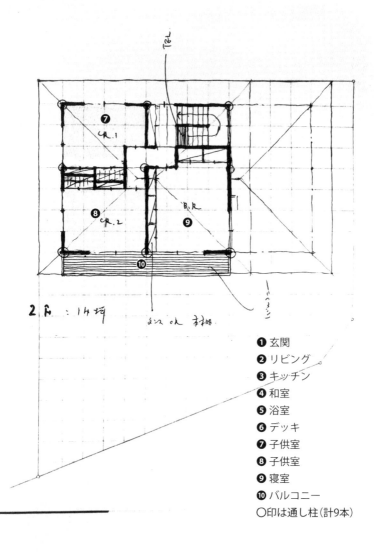

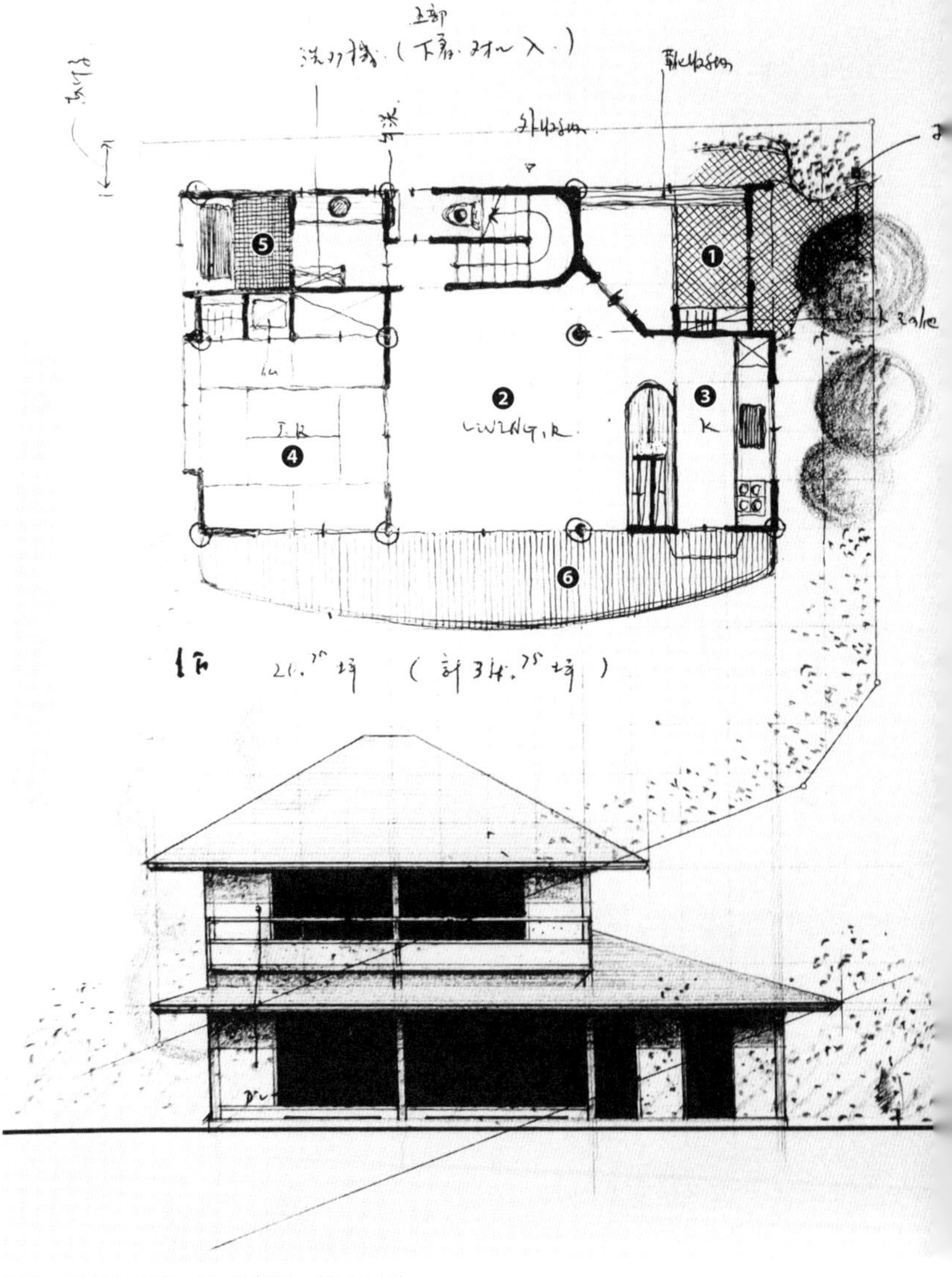

図3　Nさんの家　ラフプラン（住まい塾）

です。ですから私はこう言うのです。

「皆さんは坪単価なんて余計なことはあまり考えずに、腹づもりの予算が3000万円なら、この3000万円をどこでどう使えば一番生きたお金になりそうか、そのことだけを考えればいいのです……」と。あとは〝家づくりをともにできる〟と確信した人と、現実的な摺り合わせをして懸命にやればいい。これ以上の道はないではありませんか。

ローコストでも夢のある家

先日、電話がありました。

「住まい塾では坪単価は最低どれくらいでできるでしょうか？　50坪くらいの家を考えているんですが、予算は3000万円前後……住まい塾のクオリティで建設は可能でしょうか？」

皆それぞれに経済的な制約がありますから、お金のことを真っ先に心配するのはよく判るのです。しかしこの手の質問にはとても答えにくいのです。その理由はすでにお判りでしょう。

仮にこの質問を三つの会社にぶつけて、A、B、C3社が、次のように答えたとしたら、あなたはどう判断するでしょうか？

A社「ウチでは坪70万円もあればできます」

B社「ウチではおそらく坪90万円はかかりますねぇ」

C社「いやあ、ウチでは坪100万円以下ではムリです」

製品の見積ではないのですから、こういう答えが返ってきたところで、迷いが広がる一方です。

こんな中、実に潔いケースもあります。

「住まい塾で絶対につくりたいです。でもお金がないので、1500万円でできる家をつくってくださ〜い！」

こういう要望はシンプルで実にいいです。少々のことでは揺らがない信頼と確信、それに覚悟——。なかなかこうはいきませんが、こういう人に出会うとこちらも張り切るというものです。

この人達には素朴な夢がありました。

・予算は少ないけれど、本物の素材で家をつくりたい
・無駄のないシンプルな形の家
・りっぱでなくていい、ともに年を重ねていけるような家が欲しい

いかにローコストであっても夢のない家は人間の棲みかとしては不合格——住宅に夢は欠くべからざる基本条件です。ローコスト住宅でも夢は十分に抱けるものです。ローコストであること自体を楽しむことだってできるのですから。だから予算があろうがなかろうが、「夢を共有でき

ない人とは組まぬこと」。これも家づくりの鉄則です。

「欲しい、欲しい病」

住宅は夢と希望により成り立つとはいえ、最近は譲れない希望の多過ぎる人がいて、私はこれを「欲しい、欲しい病」と呼んでいます。「あれも欲しい、これも欲しい、それも欲しい」のです。

敷地の制約、予算上の制約、法的な制約――プランニングはそうした制約の中での総合的な判断によって成立していくものですから、夢と希望を述べ、話し合い、十分な検討を重ねた後の最終判断は、設計者に委ねる気持が必要だと私は思います。

特にローコスト住宅にあっては建主がそのようなスタンスでいなければ、設計者は実現に向けての打つ手を封じられてしまいます。「夢いっぱい、要求いっぱい、譲れるところなし、予算にだけは限りあり」――でも、「私の夢はかなえてください」といわれて困惑するケースがめずらしくありません。

この「欲しい、欲しい病」の根底にあるのは、10より20、20より30、できるだけ多くの希望を詰め込んだ方が理想の家に近づくという誤解です。実際はそうではないのに、そう思い込んでいるところが〝病〟なのです。

長い経験から、私は自信を持って言うことができます。

〝捨てられるだけ捨てた方が、理想の家に近づく〟

予算は少ないが家づくりに成功した、という人はいくらでもいます。その人達に共通するのは、簡素にできることは簡素にし、いらないものは潔く切り捨てられること。「欲しい、欲しい」は多くの悩みを抱え込みます。しかし「いらない、いらない」の方は悩みが少なく、最後はすっきりするものです。

捨てられるだけ要望を捨てて、残ったもので家をつくった方が、無駄のない、しかも建主にふさわしい個性的な家ができる、そう確信します。

継続的なコスト削減

超ローコストの傑作住宅

捨てに捨てる
省くに省く
余分なものは除きに除く

こうして出来上がったものに意外にも傑作が多いのはなぜか。

結局、〝大事なことはそんなに多くない〟ということであろうと思います。大事なエッセンスのみを残して、それによって家をつくる――これに尽きるのです（図4〜7）。

ちなみに蓼科の100万円の小屋は、広さが9坪――災害時の標準型仮設住宅と同じ広さです。都市の住宅では雑念、欲念が多過ぎてこうはいかないのですが、自然豊富な山中では、「割り切りのみで、迷いなし」「煩悩働く余地もなし」となって、余計な要素は省けるもの。この潔さが傑作を生むのです。

ここに紹介した二つの小屋のオーナー達は、両者ともに見事に捨てられる人達だったのです。しかし補足ながら、これには〝絶対条件〟が付きます。「設計を頼んだら、その分高くなる……」といった精神（根性）で、超ローコストの傑作は絶対に生まれません。ローコストでいい家をつくりたければ、よほど気の合った優秀な設計者を見つけて楽しむこと、これが欠くべからざる条件です。

真のローコスト化

住まい塾は、「ローコスト住宅」を目的として始まった集団ではありません。しかし「真のロ

図４　蓼科の100万小屋（外観）　© 住まい塾

図５　蓼科の100万小屋（室内）　© 住まい塾

図６　蓼科の1000万小屋（外観）　© 滝浦哲

図７　蓼科の1000万小屋（室内）　© 滝浦哲

ーコスト化を図る」という意味では、活動を始めた当初から一貫して努力を重ねてきました。「真のローコスト化」と普通の「ローコスト住宅」はどこが違うのか、その辺から話を始めましょう。

私の師は白井晟一《せいいち》という建築家ですが、この師から、「ローコストでなければ建築じゃないよ」という言葉を何度も聞かされました。一方でしばしば「白井先生のところでローコストはないでしょう」とも言われたものでした。

確かに、30年以上も前に坪１００万円、２００万円の建築をつくりながら「ローコスト」とは矛盾する話のようですが、白井晟一は坪１００万円であろうと２００万円であろうと、自分の建築はローコストだと信じていたと思います。それだけの創意工夫と努力を重ねたという自負がそう言わしめたのです。今思えば、あの時言われた「ローコスト」が、今日私が言うところの「真のローコスト」に当たるものだったのです。

質を下げてコストを下げるのは、ローコスト化であっても、真のローコスト化ではありません。質を上げてコストを下げる工夫を重ね、「この価値にしてこのコストはりっぱだ」という時、これを「真のローコスト」というのです。

以前に「坪80万円、90万円もするような住宅をローコストと呼ばないで下さい」と抗議をもらったことがありました。その当時、地方ではせいぜい坪60万円前後の家が普通だ、というのです。

私の言う「真のローコスト」は、今日に至ってもなかなか理解されずにいますが、過日も住まい塾で家を建てようという方が銀行の住宅ローン窓口で、「住まい塾では坪100万円でもローコストと言っています」と言ったら、「今時、強気の業者（？）ですねえ……」と言われたとのことです。

見学会で、会場を提供してくださったＩさんは、

「日本には〝お値打ち〟という言葉がありますが、高橋さんの言うローコストは、まさにお値打ちということだと思います」と言いました。

かつて、建築家で家具デザイナーでもあった長大作さんは、

「高橋さんの言う〝真のローコスト〟というのは、バリュー（価値）とプライス（価格）の相関関係を言っているんだ」

と言葉を添えてくれました。

この「真のローコスト化」に対する私の考えをお話ししていきましょう。

真のローコスト化の実現

ローコスト化は、建設費を「材料費＋人件費」と考え、材料費を安くして、直接人件費を下げれば実現できる、といった単純なものではありません。それは品質の決まっている製品の売値に

は当てはまりますが、まだ出来上がらぬ、それゆえ、まだ質も決定していない建築に当てはめるには甚だ不十分です。

木造住宅の素材の中で、最もウエイトの高いのが材木です。住まい塾では、特寸（特注寸法）の材木を使用することが多いので、製材能力を備えた材木店ルートを通じて仕入れるようにしています。これにより可能な限り短いルートで、中間マージンをカットして調達しています。

その他、フローリング材などの建材や金物、照明器具などは賛助会員制度により、徐々に集約化を図りコストダウンにつなげています。ゆっくりとしたスピードで進めているのは、性急にやり過ぎて、これまで培ってきた施工業者間の人間関係を不味《まず》くしないように配慮してのこと。現状ではかなりルートが集約化されてきました。

また人件費については、職人の１日の手間賃を安くしてコストダウンを図るという考えは、私たちにはありません。「理解・共感」をベースに継続的に仕事に取り組むようになってはじめて、職人達は熟練し、それとともにスピードアップが図れるようになると考えているからです。

地方には複雑な入母屋造りの住宅が、都市では到底考えられない安いコストでできている例が見られますが、それは身体になじんだスピーディーな技によるところが大きいのです。慣れによるスピードアップによって実質的なコストダウンを図る――これが我々の願いです。

いずれ１日の手間賃を上げてもコストダウンが可能になる日がやってくることでしょう。基礎工事にしても、我々の要求する基礎を要求されるコストで仕上げるには、工夫と慣れ以外に方法はありません。最初は大変でも、慣れてしまえばたいしたことではなくなるものです。

設計者は、部材断面の合理化、シンプルな骨組架構、プランニングメソッドなど、設計上の具体的な術を身につけることと、施工職人と意見を交換し、施工性の面で改めるべき点のチェックを常に繰り返すことを心掛けています。設計において、住宅のディテールを一定程度、標準化したのもその試みの一つです。

建主には、「理解・共感」のベースを勉強会や見学会などで確認していただいていますが、もう一歩踏み込んだ具体的な参加となると、策が乏しいのが現状です。ボード張りを手伝った方もいますし、フローリング、左官、塗装（オイルフィニッシュ）、清掃・片付けを手伝った方もいます。その人なりに手伝える範囲を決めて参加してもらえればよいのですが、床のオイル・ワックス仕上げなどは、手入れの予行演習もかねて、建主にも一緒にやってもらいたいと思っています。こうしたことによって、建主にも〝ともに家をつくっている〟という気持を培ってもらえるようになってきます。

理解と共感がなければ続かない

ローコスト化の実現は、設計者や施工業者・職人達ばかりでなく、素材供給業者から建主まで、それぞれが理解と努力と知恵と工夫を出し合わなければ達成できるものではありません。

単純な話ですが、人の努力を解さぬ建主を前に、職人達が、

「あんな人間のためにおれはやりたくない」

となってしまっては、事は終わりです。ここでも家づくりへの共感がなければ継続的なローコスト化への努力は実りません。流通業界に見られるように、特別な共感などなくてもコストダウンは可能だという意見もありますが、私は共感を元にしたコストダウンを図っていきたいと思っています。

「ものを安くつくる」という単純な意味でのコストダウンなら、「もののシステム」を改善すれば事足ります。システムとしての設計手法もその範疇に入るでしょうし、流通の合理化・体制の合理化でも、あるところまでのコストダウンは可能です。しかし、やってみれば判ることですが、こうした「もののシステム」だけではすぐに限界がきてしまい、期待するほど大きなコストダウンにはつながらないものです。

一方、我々が望むような「建築の質を上げつつコストダウンを図る」となると、これには「人材のシステム」による改善が不可欠となります。物的・人的な仕組をつくり、これを両輪として統合していくところに真のローコスト化への道があるのです（図8）。

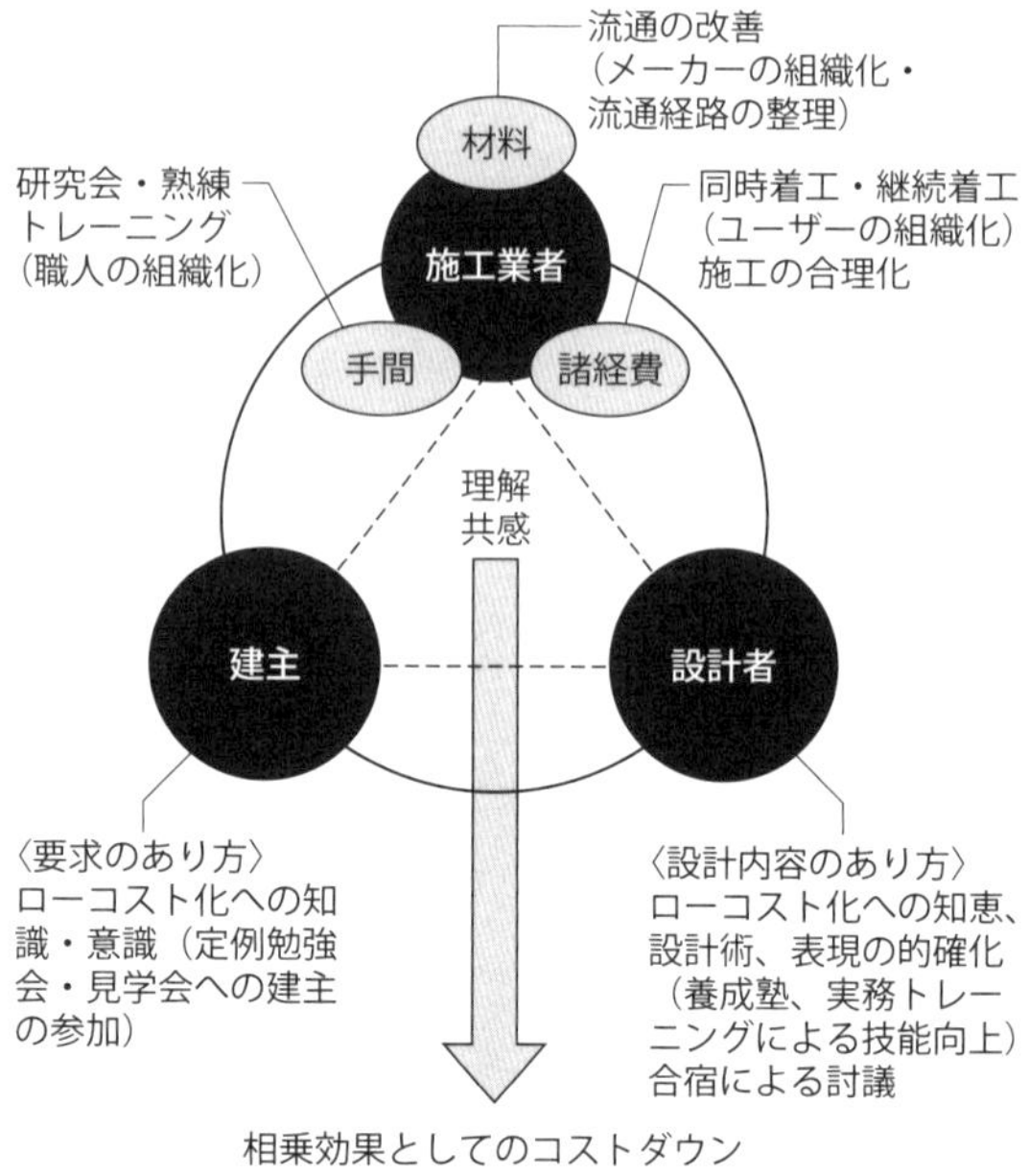

図8　ローコスト化の関係図

「これだけの家ができて喜んでもらえないなら、施工業者をやめた方がいいですよ」

古い賛助会員のS氏は溜息まじりにこうつぶやきました。専門家の眼で見ればそう思える家でも、素人はそうは見ないことがたびたびあります。比較する基準が自分の内にないからです。その上、15種以上の手仕事が入り込む住宅に、工業製品に対するような感覚で隅の隅まで完璧さを求めるようなところがあります。

おそらく施工業者は本音として「あなたは、いったいこれがいくらでできるのが普通だと思うんですか。世の中ではこれがどれくらいの価値のものか判りますか！」と言いたいのだろうと思います。

「あーこんな人のために苦労するんじゃなかった」と、苦労が徒労に終わってしまったと嘆息することもめずらしくありません。

図8にある「理解・共感」とは、こういう問題のことを指しているのです。こうしたことが繰り返される状況を放置していては、継続的な「真のローコスト化」は図れないでしょう。建主にとっての完成までの数年間は、この辺のことをも含んでの学び、最低限の理解を得るうえで必要不可欠な学習期間といってもいいと思います。

施工上の創意工夫以前に、設計のあり方も真のローコスト化に大きく影響を及ぼします。敷地が有効に利用されているかどうかもコストの内。最終的に魅力のない空間、すぐ飽きのくる住宅は、最もハイコストの住宅だと知らなければなりません。なぜなら、住宅の寿命も、りっぱにコストの内だからです。

住まい塾から生まれた家々

住まい塾は全国にこれまで700棟ほどの家をつくってきました。その目指すところを整理してみますと、

第一に、金物に頼らない頑強でしなやかな構造を持つこと
第二に、自然素材によること
第三に、空間が豊かであること
といったことになろうかと思います。そのベースには〝人間はもっと自然に帰っていかなければならない〟という思いが込められています。
自然に帰るといっても森や山中に住むという意味ではありません。今やさまざまな形の人生を選択する人が増えて、若くして自然豊かな地域に住む人もいますが、多くの人は都市及びその近郊に住まわざるを得ない状況に置かれています。
都市やその周辺に住まい塾で建てた人から、「何か別荘に住んでいるような気分になる」としばしば言われるのは、自然回帰への願いが住宅にそのような性格を帯びさせているからであろうと思います。
住まい塾の活動の中で生みだされてきた住宅を見ていこうと思います。

図9　草加の舎（都市型住居）　外観　© 栗原宏光

図10　草加の舎　室内　© 栗原宏光

図11　生駒の舎（郊外型住居）　外観　© 滝浦哲

図12・13　生駒の舎　室内（左）・外廊下　© 滝浦哲

図14　小淵沢の舎（別荘地型住居）　外観　© 滝浦哲

図15　小淵沢の舎　室内　© 滝浦哲

図16　伊東の舎（別荘地型住居）　外観　© 栗原宏光

図17　伊東の舎　室内　© 栗原宏光

図18　伊東の舎　キッチン　© 栗原宏光

図19　伊東の舎　トイレ・バスルーム　© 栗原宏光

図20　北鎌倉の舎（古民家改造）　室内　© 滝浦哲

図21　マンションの改装前　廊下　© 住まい塾

図22　マンションの改装後　廊下　© 住まい塾

図23　マンションの改装後　個室　© 住まい塾

図24　マンションの改装前　個室　© 住まい塾

図25　マンションの改装後　個室　© 住まい塾

第三章　設計者の二つの役割

家は設計者で決まる

理解されない設計の大切さ

家をつくろうと思い立った時、現代ではその選択肢がだいぶ広がったとはいえ、いまだ大半の人がまずハウスメーカーの展示場を回るようです。しかし、あの世界の住宅にどうもなじまない、という人はどうするか——。

「いい工務店はないか？」

「どこかに、いい大工さんはいないか？」

と、こんな風に考えるようです。しかし、すでにこの第一歩に問題があるのです。

確かに、いい工務店、優れた大工さんに出会うことは最終的には大事なことですが、ひとっ飛びにこの選択をして、果たして魅力のある家にたどり着けるかどうか——。しっかり加工し、しっかり削り、しっかり組むことはできても、それだけで魅力的な家が生まれる訳ではありません。

魅力ある家は、魅力あるイメージによって成立していくものです。いい工務店、いい大工さんは基本的に家をつくる技に長《た》けた人達であって、豊かにイメージする人達ではないのです。この見当違いにこそ、魅力ある家が生まれない直接の原因があります。それは世間の実状を見れば明らかです。

設計がいかに大切なことであるかが理解されていないのは、一般の人だけでなく専門職たる施工業者・職人においても同じではないかと思います。

住まい塾（関西）の賛助会で、長く中心的な役割を果たしてきた奈良の巽《たつみ》喜代一《きよかず》棟梁（タツミ建設元社長）は、住まい塾を紹介された当時、

「設計事務所？　やめとけ、やめとけ。東京の？　余計やめとけ……」

と思ったと言います。賛助会の三代目会長を務められた横浜の北澤一丸さん（北澤建設元会長）も元は大工棟梁ですが、やはり住まい塾を紹介された時、同様の心情を持ったといいます。本音では、「できることなら設計者なしでやりたい」と思っている職人がいまだに圧倒的多数をしめているのではないかと想像します。

身体を張って生きてきた職人と、机に向かって生きてきたような設計者とでは気風も立場も違いますから、しっくりいかないものなのかもしれません。付き合いの歴史も浅いし、なかには横柄な設計者もいたりで、職能的な体質の違いに先入観も加わって、こんな状況が生まれてきたの

ではないかと思います。

しかし、これからの家づくりを考えると、職人と設計者はどうしてもスクラムを組んで、良好な関係を築いていかなければなりません。この関係づくりに失敗したら、1軒の家づくりはおろか、伝統木造の家づくりはいずれ立ちゆかなくなる、と危惧《きぐ》するからです。

互いの役割を尊重しながら、まずは同じテーブルに着くこと。そして知恵と力を出し合って一つの住宅をつくり上げる仲間であると認め合うこと――これがまず必要なのです。そして、最初のテーブルを準備してくれるキーマンが、家をつくる「建主」です。真剣に設計者を探すことから始めれば、未来に向けてのこのテーブルは自ずと準備されていくことになるのです。

音楽でいえば作曲

設計とは音楽でいえば作曲に当たるものです。図面は楽譜、職人達は演奏者といえるでしょう。魅力のない作曲を演奏で補おうとしても無理があります。いかに名手揃いであってもです。ですから、いい家を望むのであれば、まずは作曲家たる設計者を探すところから始める必要があります。
設計の源は構想力――それは作曲家が曲想を練るように、家もイメージがその方向を決定するからです。その敷地に立って、アプローチをどのように取って玄関に至らせるのか、周囲の環境や陽当たり具合などを見ながら、中心となるリビングやキッチン、あるいは寝室・トイレ・浴室等をどこに配置すべきか、素材の組み合わせはどうしていくのか等々、要望や予算との兼ね合いを念頭におきながらイメージをつくり上げていく訳です。そのイメージの中にはもちろん、夜の灯りや家を包む植栽なども考慮に入れられていきます。

このように、設計者には住宅の全体的なイメージと、必要な細部の機能とを調和させていく役割があります。この重大さに気づかないから、多くの人は家づくりを設計から始めないのです。あるいは間取りを簡単に決めていきなり工事に向かったりするのです。これでどうして、いい家、豊かな家、魅力ある家ができるでしょうか。原因ははっきりしているのです。

お金に余裕があれば――と考える人もいますが、はたして音楽の世界に「作曲にお金をかけるくらいなら、その分、演奏にまわした方がいい」などと主張する人がいるでしょうか。10％の設計料を惜しむなかれ。設計がヘタであれば10％のコストロスなどすぐに出てしまうのですから。生涯抱え込まなければならない空間の貧しさを、その10％と引き替えにできますか？

日本の住宅の世界は悪循環を起こしています。建主が頼まないから住宅設計者が育たない――育たないから評価されない――評価されないから優秀ななり手がいない――まさにデフレスパイラルです。

「もしも音楽を愛さぬ建築家がいたら疑ってかかることだ。建築は空間に音楽的詩情を求めるものだからだ」

誰の言葉であったか、こんな言葉がふとよみがえってきました。

共感できる人を選ぶ

「ともに歩むにふさわしい設計者は、どう選んだらいいのですか?」と尋ねられました。なかなか難しい質問ですが、やはり直接会って話をすること、また住宅のことですから設計された実物に触れる機会をもつこと、そして「ああ、これだ。この人だ」と確信の持てる人を選ぶこと、これ以上のことは言えません。

私はこれを「共感関係」とか「信頼関係」と呼んでいますが、スタート時点でこうした関係ができていなければ設計は始まらないと思います。

ただ、注意しなければならないのは、人間的には共感しても、作品には全く共感しないとか、その逆もあるものです。住宅という重要なものをつくるのですから、やはり「もの」と「人間」への共感が欠かせないと思います。

「懸命に探して、それでも失敗したらどうするんだ!?」と言う人もいますが、それはその時の自分の限界であったと、潔《いさぎよ》く諦めるしかないでしょう。高価な古美術・骨董品を選ぶ時と同じです。ましてや人を見定めるのに万能の方法などある訳がありません。

冷たいようですが、失敗をしないためにも、常日頃、自分の感覚を磨き、眼を養い、人間を鍛えておくしか方法はないのです。

「似合う」ことと、それを「超える」こと

設計者を選ぶ際に、念頭においておかなければならないことがもう一つあります。それは「自分に似合う家になりそうか」ということ。さらに「自分の中にある可能性を引き出してくれそうな人であるか」という点です。

服でも、「素材もデザインもいい、仕立てもしっかりしている……でも似合いませんねえ」では具合が悪いのです。その人に「似合う」とは「その人らしい家」であることの証ですから、家の要素としてとても重要です。

設計者が始めから関わる住宅は、服でいえばオーダーメイドですから、設計者は「この人に、この家族に似合うかな……」「この環境に調和するかな……」とイメージを重ねながら構想を練るはずです。

しかし、住宅は本来、2代、3代、4代と住み継いでいくものであることを考えると、この人達に似合っても、後の人達に似合うとは限りません。この問題をどう考えればいいのでしょうか。

「我々がこの世を去ったあと、どういう人が住むかなんて、そんなことを考えていたら住宅の設計は始まらない」と言う人もいますが、私はこんな風に考えるのです。似合うかどうかを、今は目の前にいる人達を中心に考えているけれども、住む人や時代が変わっても、その変化を受け容れる包容力を住宅が持っているかどうか――この方がもっと本質的な問題だ、と。

逆にいえばこれこそが家の力であって、そうあってこそ住む人々に利便を超えた何かを与えられるのだと思うのです。後に住み手が変わるような場合には、住宅が人を選び、人が住宅を選ぶ関係となるので、それ以上、我々が心配することはないように思います。

提案する設計者

設計とは不思議なものです。設計は「建主」と「設計者」との間で進められていきますが、ものの言わぬ敷地を見て、そこに設計者が何を見、何を感じ取るか。あるいは家族に接し、言葉で述べられた夢や希望を聞いて、そこから何を摑み取るか。その内容は設計者によっておそろしいほど違ってくるものです。

これは同じ制約条件のもと、同じ希望を述べても、設計者が違えば家は全く違ったものになることを意味しています。感性や洞察力、ちょっとした表情から読み取る直感、言葉の深意の汲み取りようは千差万別なのです。

話し合いが重ねられていくうちに、当初の希望が本当に自分の望んでいたものだったのかと疑問に思い始めたり、全く逆の希望となったり、また考えもしなかったのに「そう言われりゃそうだ」と気付いたり、こういうことがさまざまに起きてくるのです。

こう考えると、生涯の家をつくろうというのに、設計期間が1週間や2週間とは何とおそろしいことでしょう。希望を聞き、間取りを考え、外観を決める――住宅の設計は、そんな他愛ないものではないのです。希望を言ってその通りにやるだけなら、それは設計ではなく、パズルと呼ぶべきなのです。

「設計者に自分の要望を明快に伝えるには、どのようにしたらいいのですか?」という質問を受けることがあります。

これは答えにくい問題です。なぜなら、多くを語らなくとも望んでいることを直感的に感じ取れる設計者もいれば、言葉を尽くしても的確に感じ取れない設計者もいるからです。だからこそ、まず自分の全神経、全感覚を傾注して設計者を選ぶことが大切なのです。ここさえ間違わなければ、あとはあまり肩肘張らず、素直に自分を出していけるのではないかと思います。

これまでの経験を振り返って思うのは、多くを知り、多くを語り、多くを望む人は、意外に肝心な望みを見落としている可能性がある、ということです。分類・整理した要望をファイルにして、段ボール箱いっぱいに詰めてやって来た人もいました。しかし核心に近い希望をしっかり持っている人は、意外に言葉での要望が少ないものです。こういう人はかえって深いものを設計者に求めているかもしれないのです。

同じ希望でも、全く違う設計

同じ希望を述べても、設計者によってどれほど案が違ってくるか、興味深い実例を見ることにしましょう。

事例は都内の住宅地に建ったIさんの家です。敷地は元は大きかった土地が区画されて分譲されたものでした。敷地面積約30坪、建ぺい率40%、容積率80%。角地なので建ぺい率に緩和があり、50%となります（但し容積率の緩和はなし）。

Iさんは気に入る家を建てたいと、あちこち探したあげく、住まい塾にたどり着いた方なので、すでに数社から提案された案をお持ちでした。各社の担当者と打ち合わせたり、出された案を見ても、しっくりいかないものをIさんは感じ続けたのでしょう。

ここにはA（工務店）、B（建設会社）、C（住宅会社）、3社の案と、住まい塾がつくった案とを示します（比較しやすいように図面の向きを合わせ、敷地ラインを描き加えました。図26）。

Iさんの希望は概略次のようです。

1階　・リビング、ダイニング、キッチン
　　　・和室（6畳）
　　　・バス、洗面、トイレ
2階　・寝室（ベッドルーム）
　　　・子供室（子供2人がまだ小さいので、将来二つに区画できるように）
　　　・トイレ
その他　・車1台の駐車スペース

《A社案》

このプランを決定づけているのは、狭い敷地における駐車スペースの取り方と、玄関位置の判断です。私の見るところA社案は、希望されるままに部屋を取ったらこうなりました、というものです。これのどこが問題なのでしょうか。

敷地は南東の角地ですが、南側のメイン道路に建物がこんなに接近していては、夜はおろか、日中でも、窓もカーテンも開けていられないことになるでしょう。

隣地
メイン道路
隣地
道路
和室
押入
階段
洗面所
浴室
床/間
トイレ
収納
ホール
LDK
玄関
下駄箱
駐車場
収納
ポーチ
1階
洋室3
階段
トイレ
バルコニー
洋室2
洋室1
2階
A社案
隣地
メイン道路
隣地
道路
キッチン
洗面所
浴室
和室
LD
玄関
ホール
駐車場
1階
洋室1
洋室2
バルコニー
洋室3
トイレ
階段
2階
B社案
隣地
メイン道路
隣地
道路
駐車場
LD
キッチン
浴室
洗面所
トイレ
和室
押入
階段
玄関
下駄箱
床/間
1階
吹抜
寝室
バルコニー
個室
ウォークインクローゼット
トイレ
個室
階段
2階
C社案

図26　3社のプラン

《B社案》

この案では、玄関位置が違っています。玄関は家相上、南東の角がいい、と判断してのことでしょうか。玄関位置の決め方がこのプランに決定的な影響を及ぼしています。

採光上、最も有利な南側を玄関と和室とでふさいでしまっていますから、肝心のリビング・ダイニングは東側に開口部があるとはいえ、快適とはなりません。さらに西側にはすでに隣家が接近して建っていますから、これではキッチンが真っ暗になってしまいます。

しかも道路角の角切り《すみき》近くのこんなところに玄関を持ってこられたのではかなわないという気がします。

《C社案》

プランで見る限り、この案は三つの中では最もまともに思えます。ベッドルームが小さ過ぎて、これではベッドを二つ置けないなどの問題はありますが、狭い敷地なので、駐車スペースを南側に持ってきたのは正解だと思います。

しかし、もし私が大学で設計の授業でも担当していたら、この三つの案には間違っても合格点は与えないでしょう。設計者志望だというなら、「ちょっと考え直した方がいい」と言ったかもしれません。

Ａ・Ｂの案に共通していえることは、住宅として全く魅力がない、という一言に尽きます。しかもおそろしいのは、この設計がどちらも世にいう名の通った会社によるものだということです。Ｃ社案が最もまともだと言いましたが、３社ともども設計者と名のつく人が担当しているのでしょうが、こういう会社では担当者にまかせっきりで、誰もチェックしていないのではないかと思われます。

もしも住まい塾の設計スタッフがこの程度の案を出してきたなら、「却下！」「却下！」の連続で、間違っても採用されることはないでしょう。ここにあるのは、どこをどう直せばよくなる、といったレベルの問題ではないのです。

《住まい塾案》

住まい塾の案は、３社とどこが違うのでしょうか。このプランを特徴づけているのは、以下のポイントです（図27）。

○配置

第一に、玄関を北西奥に配してアプローチを長く取ったこと（京都の狭い路地に見られるように、

❶ 玄関
❷ リビング
❸ キッチン
❹ 和室
❺ 浴室
❻ 寝室
❼ クローゼット
❽ 子供室
❾ 子供室
❿ 書斎コーナー
⓫ バルコニー
⓬ ロフト

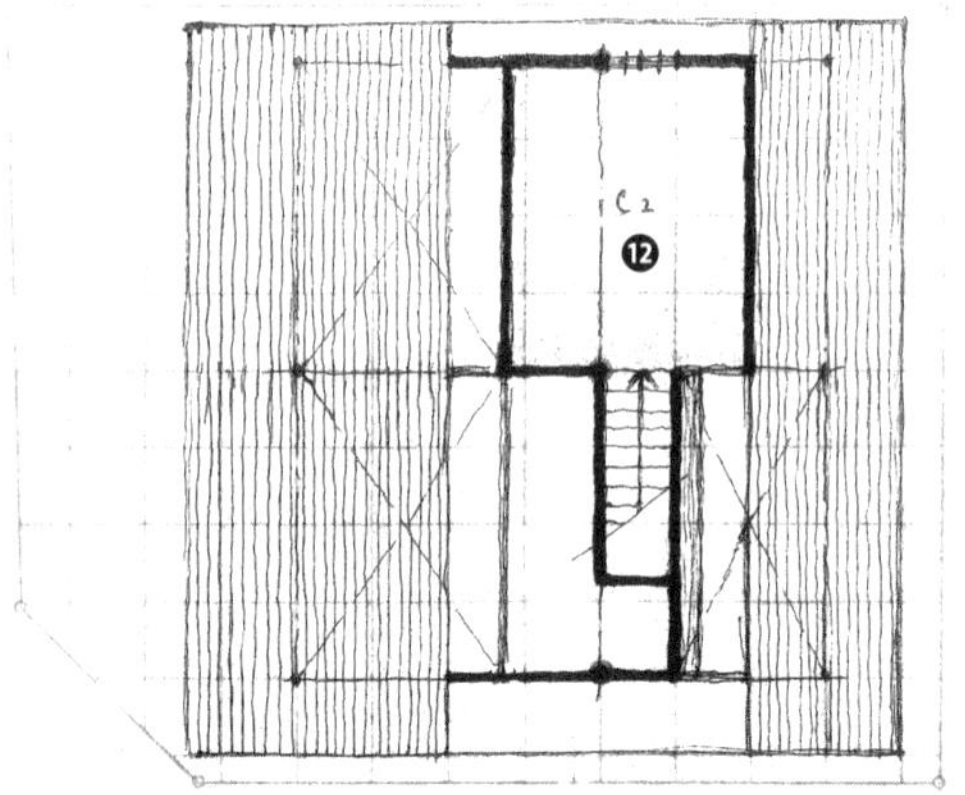

階 平面図 3rd floor plan scale=1:100

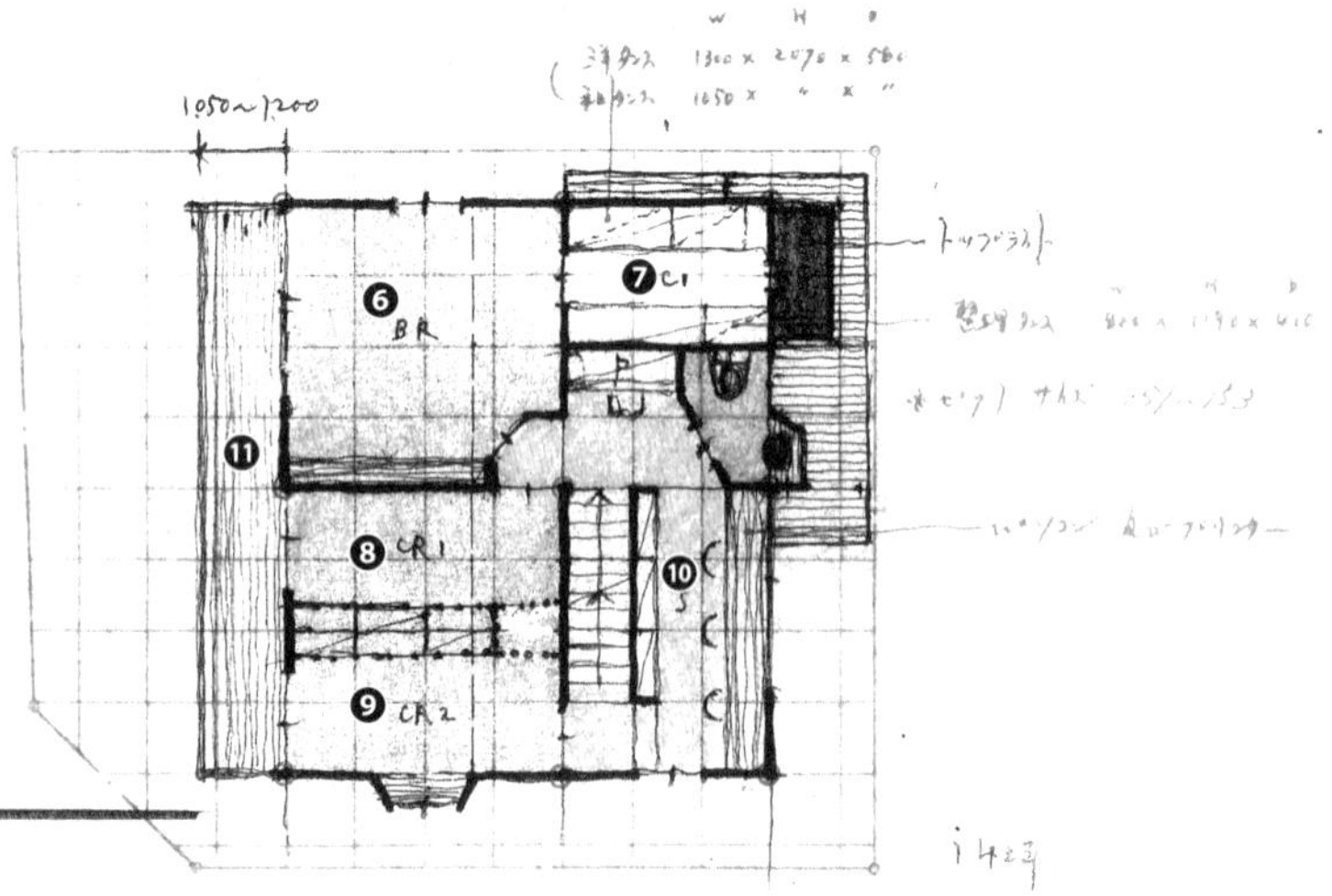

平面図 2nd floor plan scale=1:100

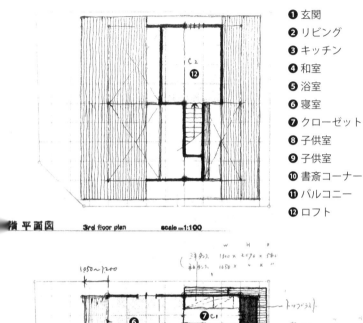

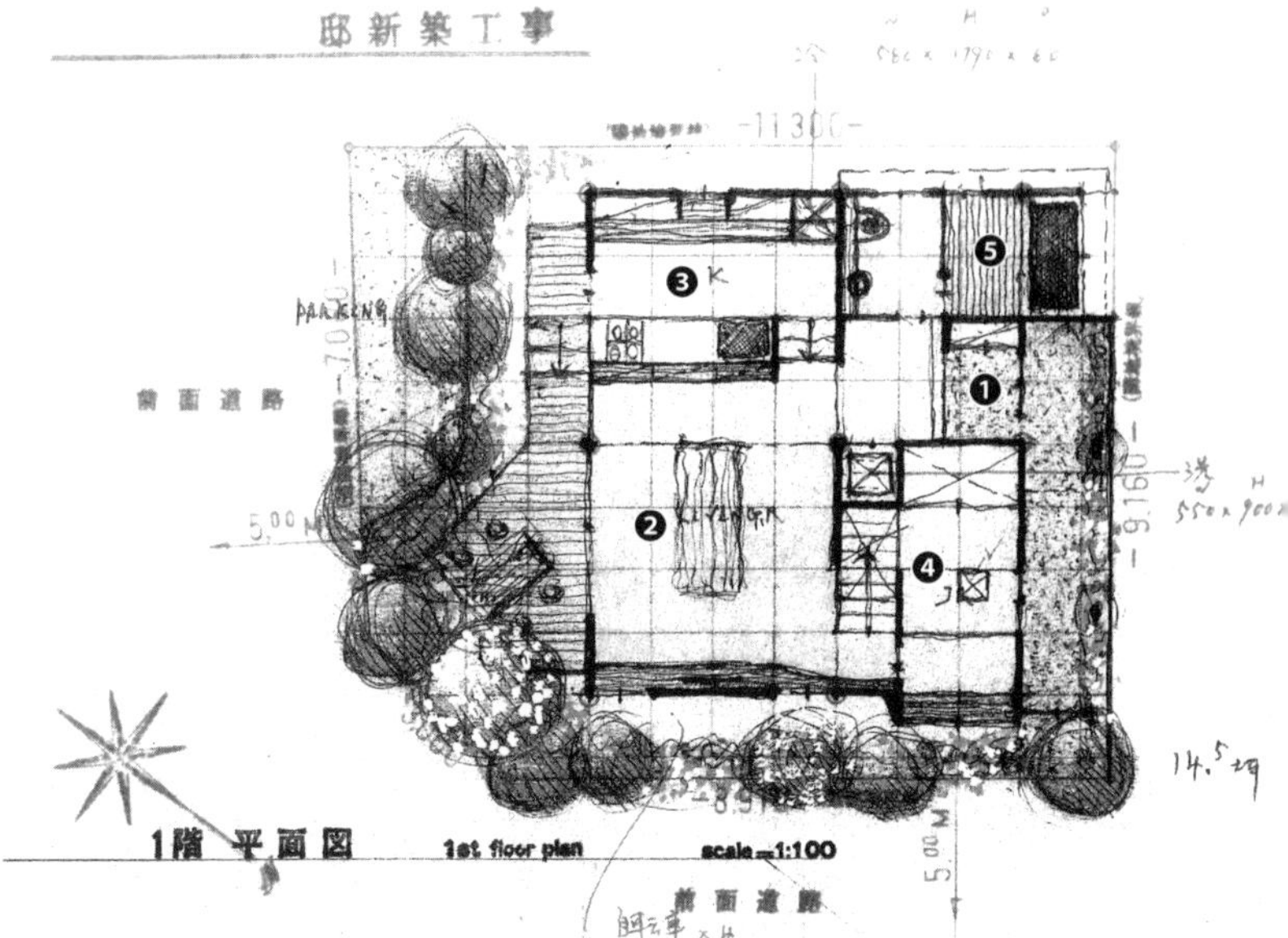

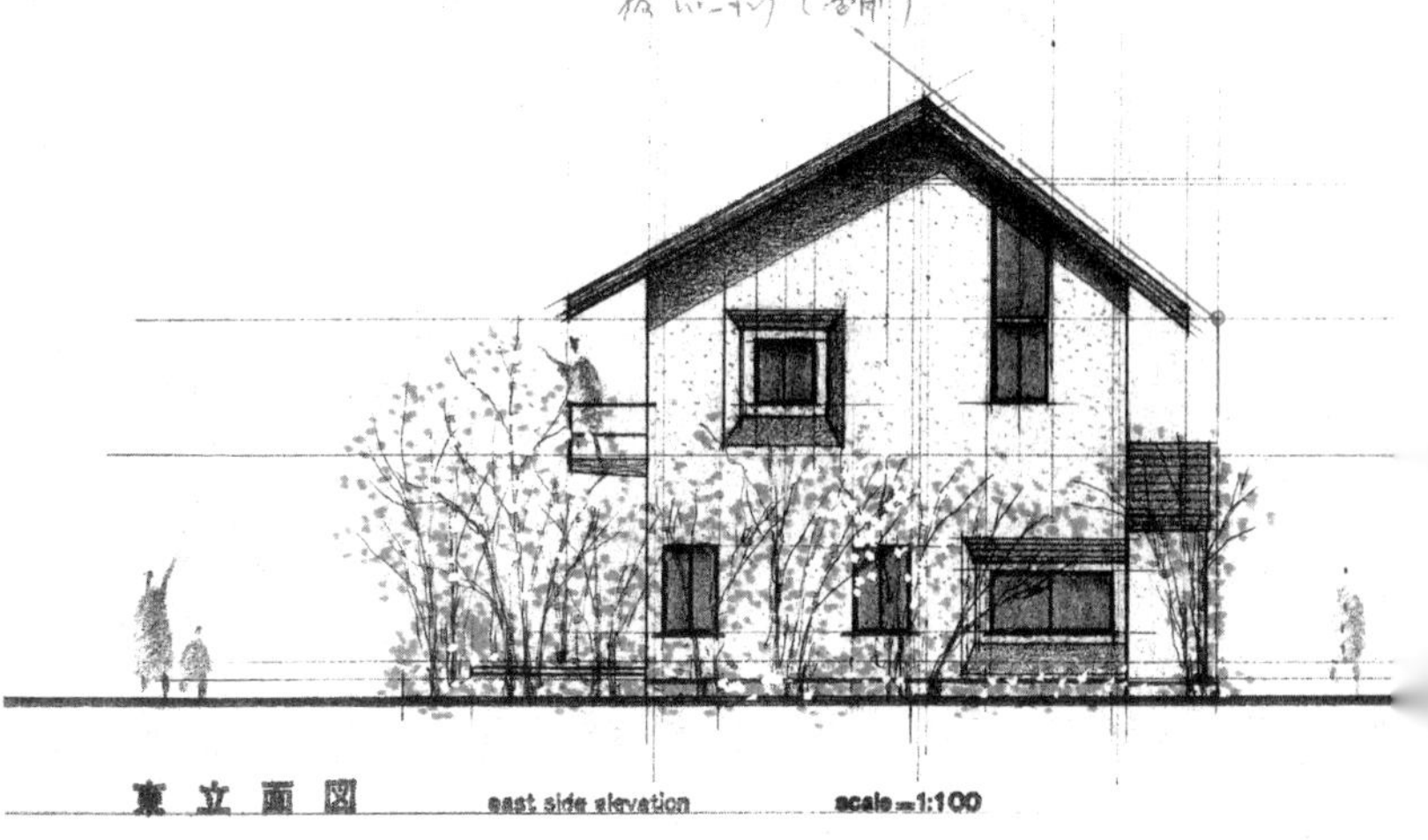

図27 住まい塾のプラン

つくりようによってはおもしろくなる)。

第二に、駐車スペースを玄関とは逆の南側に持っていったこと(道路と建物との距離を確保でき、室内にいる時の安心感と陽当たりが確保できる)。

○内部

第一に、キッチンの床をリビングより低くしてリビングとの一体感をつくり出したこと(キッチンに立つ人と、リビングに座る人との目線の高さの差を緩和できる)。

第二に、居住性の点で最も悪いとされる1階北西角のバスルームを、2階外壁線より90センチ外に出してトップライト(天窓)から光を取り入れたこと。

第三に、希望だった6畳の和室を長3畳の小間としたこと(吊り押入としたので畳は4畳敷となる)。これは6畳にする必要があるかを話し合って選択したもので、これにより1階リビングを規模の割に広々と確保できる——この判断がプランニングに大きな影響を与えることになった。

第四に、2階の書斎。これは希望にはなかったものだが、この家族に接していて、「親子が集える書斎があったらいいな……」とひらめいたものだ。これにより長さ3・5メートルほどのデスクを備えた予想外の書斎が生まれることになった。

敷地を見、家族と接し、そして希望を聞きながら設計者が何を感じ取り、どう把握するか――この差によって設計の内容が大きく違ったものになることが、この実例から実感できたのではないでしょうか。これでやっと設計と呼べるレベルに達したといえるのです。

希望された部屋を組み合わせて、ただ押し込むだけでは、希望の言葉に沿ってはいても、住み手の真の求めには近づいていないことになるのです。

もう一つの事例を簡単に紹介しておきます。今度は「大手ハウスメーカー」対「住まい塾」です。この「歯科医院プラス住宅」は当初、大手ハウスメーカーで計画が進められました。住まい塾でつくりたいと以前から思っていたようですが、住まい塾は住宅以外やらないと思っていたそうで、ハウスメーカーと打ち合わせを重ねたのです。しかし何度打ち合わせてもフィーリングが合わない。それで友人の後押しもあって、訪ねてこられたのです。

計画案として出されていたのは3階建の広さ98坪、石風サイディング（ボード状の建材）のキャッスル風の家――概算見積は1億2000万円くらいだったそうです。

「こんな大きな建物、必要なんですか?」これが私の第一声でした。だいたいの希望を聞けば、おおよその広さの見当はつくものです。この希望でこんな広さは必要ない――と直感的に感じたからでした。

私の計画したものは広さ69坪——別段、希望が簡素化された訳でも、縮小された訳でもありません。これで必要にして十分なのです。それがどうしてあんなことになるのか。この例などは、発想の違いというよりも、設計者の心得違いといった方が正しいように思います。比較する機会がないから気付きませんが、こんなおそろしいことが世の中にはめずらしくないのです。

こうした実例に接すると、設計とは楽しいだけでなく、同時におそろしいものであることに気付くはずです。設計者選びは、家づくりにとって決定的な影響を及ぼすものであることが、お判りいただけたのではないかと思います。

もう一つの重要な役割

「工事監理」と「工事監督」

設計者の役割の中で、設計の次に大切なのが「工事監理」です。これを「工事管理」、あるいはそれを行う「工事監督」と間違える人が多いので注意が必要です。

「工事管理」を行う工事監督はあくまでも施工業者の人で、職人の手配から工程の管理、安全、工事金の管理など、工事に直接関わる事柄に責任を持つ立場にあります。

これに対して「工事監理」は設計者が行うもので、設計図の意図通りに工事ができているかを定期的にチェックし、工事監督（現場監督）や職人達と打ち合わせを重ねながら完成まで見届けていくのがその役目です。工事契約前の工事業者への見積依頼や図面説明、質疑応答、見積書の内容チェック、妥当な金額までの調整・交渉も工事監理者の重要な仕事となっています。

住まい塾ではかなり詳細な図面を描きますが、図面は万能ではありません。そのため工事に入ってから、現場にさまざまな迷いが生じます。図面から読み取れないところがあったり、図面にくい違いがあることもあります。また、図面では決定できない、現場で実際の見本をつくって決めるべき事柄――例えば木部オイル塗装の色調、内外左官材の配合や色調、仕上がりのテクスチュア等については、現場監督や各職人と打ち合わせることが必要になります。

工期が遅れている場合には、その原因を聞き、どう調整していくかを現場監督と打ち合わせるのも工事監理者の役割の一つといえます。工事の最終段階は、左官の仕上げ、建具、塗装、畳、電気や水道関係の器具の取り付け等々、完成に向けて多くの職種が重なり合うことになります。これらが終わってやっと１軒の家が完成する訳です。

家がひと通り完成して行う「竣工検査」は、工事監理者の最終の役目です。自分達の仕事はこれでよかったのか、ミスはなかったかと、現場監督をはじめ職人達は緊張の面持ちでこの日を迎えます。そして、多少の手直しを加え、これで長きにわたった工事が終了し、やっと完成引渡しとなるのです。ここに挙げた事柄はほんの一部であって、設計者の工事監理者としての役割は想像以上に多岐にわたるものです。

この工事監理がなかったらどういうことになるのか、自省を込めて経験をお話ししておきたいと思います。

住まい塾では交通費は実費精算方式を採っているので、遠隔地の場合は、その負担が大きくなります。そんな理由から「設計図までお願いして、あとは地元の業者と直接やります。気心の知れた業者ですから……」と、初期にこんな形でやったことがありました。

完成時に私を呼んでくださったのですが、監理者なしでやるとこんなことになるのかと、言葉が出ないほど愕然としたものです。すべて手直ししたい衝動にかられましたが、時すでに遅し。

施工業者はその方の親戚の方でしたから、悪気はなく、普段やっているようにやったに過ぎなかったのでしょう。しかし住宅は設計図に意図されたものとは、全く違うものとなってしまったのです。

詳細な仕様書と設計図があったとしても、工事契約時に予算との兼ね合いで変更したところもあったのでしょう。それ以上に大きかったのは、一つひとつを判断する際の感覚の違い、バランス感覚の違いでした。

床のフローリングは設計図で指定されているものとは別のもの。壁・天井の左官材の色とテクスチュアなどは現場で見本をつくって決めるしかないものですが、どこかのメーカーの既調合製品を塗って終わり。照明器具は予算に合わせてカタログですすめられるままに決めたのでしょう、各部屋すべてがプラスチックシェードの蛍光灯。ブラケット（壁面の照明）は安居酒屋にでも付ければいいようなもの。襖紙は鳥の子紙の指定なのにビニールクロス。スイッチ・コンセントプレートは住まい塾ではこれまで一度も使ったことのないプラスチック製。畳の縁は茶褐色の無地が住まい塾のスタンダードなのにグリーン系の安紋縁《もんべり》――。

こうなると、いかに詳細な設計図があっても、出来上がる住宅は完全に別ものとなってしまうのです。

以来、どんな理由があろうとも、住宅の出来上がりに責任が持てない「設計図面まで」という依頼は一切受けなくなったのです。

設計者には加えてもう一つ重要な役割があります。それは施工業者・職人達の持てる力を引き出し、生かすことです。この役割の自覚が設計者には必要だと思います。

現場に行って「ワタシャ設計者デゴザイマス」式にツンとしていたのでは、職人はまず設計者を受け容れませんし、それでは職人の持てる力を引き出すどころではありません。

住まい塾の左官職人の中でも、情熱、気力、感覚、技の総合力に最も優れている渡辺寿《ひさし》さんは、ある時私にこう言いました。

「私は住まい塾と知り合ってからはじめて、この左官仕事のおもしろさってものを知りましたよ。つまんない仕事が多くて嫌んなってたんだけど……私は復活したよ」

設計料は余分にかかるもの？

「設計料は工事費以外に余分にかかる」と思っている人が大半です。だから、設計を頼んで家をつくるなんてことはお金に余裕のある人のすることだ、となるのです。「設計にお金をかけるくらいなら、工事にかけた方がいい……」といった考えも根っこは同じでしょう。

しかし本当にそうなのでしょうか？　住まい塾の設計スタッフにこの質問を向けたら、誰一人この考えに同調する者はいないでしょう。設計者だから当然？　そんな理由ではありません。

住まい塾で家をつくった700人余りの人に質問しても、ほとんどの人がそうは思わないだろうと思います。賛助会の施工業者に同じ質問を向けても、おそらく「設計がなければ、設計料分が浮いた」とは考えないと思います。

おそらく多くの方は、設計料をデザインフィーと考えているはずです。しかし設計図面が完了した後の仕事もあるのです。

工事業者から上がってきた見積書に目を通し、適正基準にまで交渉して贅肉の取れた額にまで調整するのも設計者の役割（工事監理の範囲）の一つなのです。この調整する金額だけでも、設計料のパーセンテージを上回るのではないかと思います。さらに住まい塾では、共同仕入や特注品の共同発注、流通ルートの短縮化、それに加えて職人達の熟練によるコストダウン等、さまざまな面で努力を重ねています。

こうした工事費のコストダウンに対する努力は、工事費を安くするための努力と受け止められていますが、これは結果的には設計料のコストダウンへの努力でもあるのです。なぜなら、設計料は総工事費に対するパーセンテージで決められているものだからです。

矛盾の構造

設計料というものは、そもそもが矛盾に満ちています。それ故、これまでもさまざまに議論されてきました。しかし決定打のないまま、大きく変わることはありませんでした。今日、最も多く採用されているのは「総工事費×〇％」という方式でしょう。

古くから採用されてきたこの方式の矛盾の第一は、「住宅」と一口に言っても、その内容は千差万別で、設計者の力量も大いに違うのに、それを一律に「総工事費×〇％」と決めてしまっている点です。第二は、同じ設計図でも、高価な材料や機器を使うほど設計料ははね上がり、逆に低廉なものにすればするほど下がる――設計作業としては何ら変わらないではないか、という指摘。第三は、コストダウンを図ろうと創意工夫を重ねれば重ねるほど、設計料が下がっていくという矛盾です。

こういう矛盾を解消するために、面積当たりの設計料単価を決める方式にした方がいい、という意見もあります。即ち広さが決まれば工事額の高低にかかわらず設計料が決まるという訳です。これは一見、矛盾を解消するかに見えますが、第二の矛盾は解消されても、第一、第三の矛盾は解消されないままです。また、この方式を採用してみると、安く家をつくろうとする人には設計料のパーセンテージが上がり過ぎて、結局は採用できない結論に達してしまいます。

建築家協会及び建築士会の設計報酬基準の独禁法騒ぎ（1972年）に端を発して、後に出てきた「(旧) 建設省告示による業務報酬基準」（1979年）も、その策定過程でこうした矛盾が話し合われた結果だと思いますが、出てきたのは設計料のパーセンテージが高くなり過ぎると同時に、複雑過ぎて使いものにならないといった感想が圧倒的でした。

設計される住宅の内容も、設計者の資質も力量もさまざま――そそくさとつまらぬ設計をする人もいれば、じっくり精魂込めて設計する人もいる――それを十把一絡げに一定率にすること自体にそもそも無理があるのです。

ですから、設計者は自分の評価は「10％では不足だ」と思えば12％にすればいいのです。西洋のように20％あるいはそれ以上の人がいたってかまわない。私の価値は5％でいいという人がいても、全く問題はないのです。

建築とはちょっと違いますが、絵画の価格を〝号いくらで決める〟、あれに近いやり方で自分のパーセンテージを決める——買う・買わない、頼む・頼まない、は相手が決めること——でいいと思います。時にボランティア精神を発揮する人がいていいですし、価値は20%でも社会的使命を感じて10%でやっているところがあってもいい訳です。

ちなみに、住まい塾の設計料基準はいたってシンプル。

総工事費×10%+税（往診タイプは11%+税）

交通・宿泊費は実費

たったこれだけです（往診タイプ：本部での打ち合わせを基本としていますが、何かの事情で毎回自宅にうかがって打ち合わせるケース）。シンプル過ぎてありがたみがないとも言われますが、どうせ矛盾に満ちているのですから、これくらいでいいと私は考えています。

陥りやすい誤解

設計料算出の基礎となる「総工事費」は、誤解やくい違いによってしばしばトラブルの原因になることがあるので、少し述べておこうと思います。

総工事費のざっとした内訳は、

・建築工事
・電気設備工事
・給排水衛生設備工事
・浄化槽工事（本下水道がない場合）
・外構・造園

となります。要するに、住宅が住宅として機能するまで、あるいは空間としてトータルに成立するまでに要した費用の総合計が「総工事費」なのです。

この総工事費の捉え方には、時々、誤解・解釈のくい違いが生じます。ここで実際の見積書（図28）を見てみましょう。1ページに「税込金額」とあるのが総工事費です。

2ページには、各工事別の総額とトータルの工事費が表示されています。それに続く3ページの各項目の内訳を見ると、建築工事には当然、仮設工事も含まれています。

分析的なタイプの人はここで、こんな風に考え始めます。

1ページ

平成×年×月×日

御見積書

○○○○様

工事名	○○○○邸新築工事
税込金額	××，×××，×××円

見積有効期限：
納入期日：

《○○○工務店》

2ページ

No.	項目	数量	金額	備考
1	建築工事	1式	XXX,XXX円	
2	電気設備工事	1式	XXX,XXX円	
3	給排水衛生設備工事	1式	XXX,XXX円	
	⋮			
	［小　計］		XX,XXX,XXX円	
	［消費税］		XXX,XXX円	
	［税込金額］		XX,XXX,XXX円	

3ページ

No.	項目	数量	金額	備考
1	仮設工事	1式	XXX,XXX円	
2	基礎工事	1式	XXX,XXX円	
3	木工事	1式	XXX,XXX円	
	⋮			
	［小　計］		X,XXX,XXX円	

図28　住まい塾の見積書

「設計料の10％はいいけれども、仮設工事からも10％？　工務店の諸経費からも10％？　どう考えたっておかしくないか？」

こんな調子で疑問が生じ始めます。さらに諸経費の内訳を見ると、

諸経費　交通費、通信費、本社経費……

「交通費？　通信費？　本社経費？　こういうもの、どう設計するんだよ」

こうなると止め処《ど》がありません。

基礎工事　鉄筋代、コンクリート代、土掘り代……

左官工事　左官材、塗り手間……

「材料代からも、職人の手間賃からも設計料？」

分析的思考に慣れている人はこんな疑問を持ちやすいようです。こういうタイプの人には、設計料というものは総工事費にかかるものであって、一つひとつの項目にかかるものではありません――と説明してもなかなか埒《らち》が明きません。木工事にはこんな項目が見られます。

木工事　木材費、大工手間、鳶工《とびこう》建て方工賃……

「木造で設計してもらってんだから、これはまあいいか……」に始まり、「（給排水・衛生）……配管材料からも便器や洗面器からも金取るの？」「（キッチン）……既製品の場合は、ただ注文して持ってくるだけじゃないの……」「（照明）……は選んでもらったんだから、まあいいか……」

こんな風になって収拾がつかなくなります。この論法によると、設計料の対象がだんだんなくなって、限りなくゼロに近づいていくことになります。

画家が号数で絵の値段を決めるのと違って、建築の場合、残念ながら詳細な見積書というものがあります。工事内容を正確に把握するという点では必要なものですが、設計料という観点から見ると、建主は一項目一項目つぶさに眺め始めてしまうから、これがかえって誤解の原因となるのです。

画家に「号当たりの単価の根拠を示せ」と言っても説明がつかないように、設計料というものも大らかに考えないと、訳がわからなくなってしまいます。大らかに考えるにもその根拠がいる、などと言われると困ってしまうのですが。

設計料とはデザインフィーではありますが、そればかりでなく工事監理を含めた「トータルコーディネート料」――その対価として総工事費の○％という形で暫定的に決められている、といえば判りやすいかもしれません。

1軒の家に必要な設計図面

設計がしっかり為されることが極めて少ない現状では、当然のことながら一般の人が正式な設計図を目にする機会はほとんどありません。ですから、多くの人が間取りと外観さえあれば、おおむね住宅はできるものだと思っています。

一方、施工業者や大工さん達も、設計図らしきものがほとんどない状態で「うちなら坪○万円くらいでできますよ」などという話をします。正確に言うならば「我々がこれまでやってきたような家ならば……坪○万円でできるだろう」ということであって、「あなたが思い描く家がそれでできる」という話ではありません。

ですが、知識もないまま聞かされた人は、「あの業者はいくら」「この業者はいくらかかるらしい……」といった話を鵜呑みにしてしまいます。建物の仕様も、室内の立体構成も、照明はじめ電気、給排水設備といった内容も定かに決まらぬ段階で、坪いくらでできるといった話は、全くあてにならないのです。

次に示すのは、1軒の住宅をつくるのに最低限必要な図面です。ここまで描いてやっと住宅の全体像が決定されるということであり、ここまで描いてはじめて正確な見積ができるのです。簡単な間取りと外観くらいでどうして見積ができると考えるのか、ましてや何もないところで坪いくらといった話を人々はなぜ信じてしまうのか、私には不思議でなりません。

設計図面の実際

「Iさんの舎」（延べ床面積約29坪・総2階建ロフト付き）

始めに、この家に必要とされた設計図面の種類と枚数を、リストアップしてみましょう。

	種類	縮尺	枚数	
基本設計図面	1　配置図	1／100	1	※
	2　各階平面図	1／100	1	※
	3　立面図（2面）	1／100	1	※
	4　断面図（2断面）	1／100	1	※
実施設計図面	5　外部・内部仕上表		1	
	6　各階平面詳細図	1／30	3	
	7　立面詳細図（4面）	1／30	4	

8	矩計図	1/30	1	※
9	各階天井伏図	1/50	2	
10	各室展開図	1/30	8	
11	各階枠詳細図	1/10	2	
12	各部分詳細図	1/3-10	2	
13	基礎伏図	1/30	1	
14	各階床伏図・小屋伏図・屋根伏図	1/50	2	
15	各階建具配置図	1/30	2	
16	建具表	1/50	2	
17	各階電気設備図	1/30	2	
18	各階給排水衛生設備図	1/30	2	

計38枚

（※は確認申請に必要とされる図面）

このケースでは、約29坪の広さの家にA2判（42×60センチ）の図面を計38枚必要とした、ということになります。この中に家をつくるうえで不必要な図面は1枚もありません。

住まい塾本部での勉強会では、解説を加えながらすべての図面を原寸大でお見せできるのですが、ここではその種類と枚数を挙げるに止めましょう。

設計図はあくまでも表現手段

最後に設計図に関して最も大事なことを述べておきます。それは、設計図というものはいかに詳細・緻密に描かれたとしても、あくまでも表現手段に過ぎない――そのもとには、設計者によって描かれたイメージがある、ということです。

イメージ（構想）の重要性はこの章の前半でも述べましたが、「設計図を描く前の基本構想がその家の方向を決定づける」という意味で重要なのです。構想が豊かなものでないならば、いくらりっぱな図面を幾百枚描いたとて、豊かな住宅になることはありません。このことを、ぜひ忘れないでほしいと思います。

住まい塾の場合、設計者の基本構想を受け、担当の設計助手は建主の意向を再確認しながら、各部のイメージを重層的に描いて図面に表現していきます。この詳細設計の段階でも細部にわたってイメージが豊かでなければ、いい住宅にはなっていきません（図29・30）。

図29　Ｉ邸　外観　© 滝浦哲

図30　Ｉ邸　室内　© 滝浦哲

第四章　住宅の構造（骨組）について

住宅を支える構造は、住宅の安全性や耐久性と深く関わりを持っています。とりわけ地震も台風も大型化している現在、骨組をどのような構法でつくり上げるかは、なお一層重要な問題となっています。

構造強度には、短期強度と長期強度があり、強度実験等でいかに強くても、耐久性等を含むところの長期強度に優れているとは限らないという点も見逃してはなりません。

在来構法と伝統構法

伝統構法、在来構法、軸組構法、ツーバイフォー構法――木造住宅の構法にはいろいろな言葉があって、違いがよく判らないという人が多いのではないでしょうか。それは無理からぬこと、専門家にもよく判らないところがあるのです。これを私なりに整理してみました（図31）。

構造といったり構法といったりして紛らわしいところがありますが、簡単にいえば、構造は建物を支える仕組、構法はつくり方、組み立て方をいいます。一般に構法の方が馴染みがいいようなので、以下、構法という言葉で話を進めます。

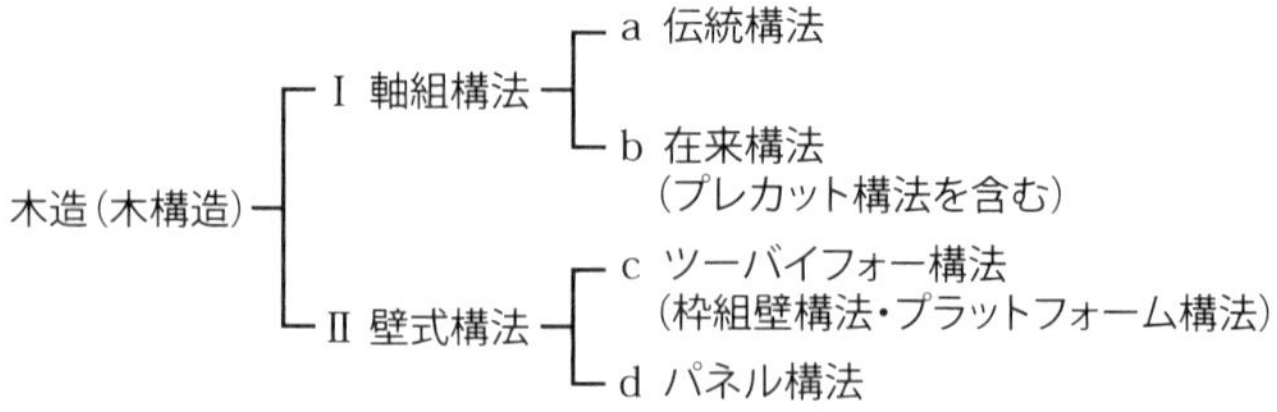

図31　構法の関係図

木造には大きく二つの構法があります。一つは軸組構法（Ⅰ）、もう一つは壁式構法（Ⅱ）。この違いは見た目にもすぐに判るものです。軸組構法は柱・梁・筋違《すじかい》等で組み立てられていくもので、壁式構法の方は一般に「ツーバイフォー」と呼ばれているもの——2×4インチ材を主材として枠をつくり、その両面に合板を張って強度を増していくものです（枠組壁構法とも）。これを工業化してパネル化すると「パネル構法」と呼ばれるようになります。長期休暇中に「マニュアルを見ながら素人でも組み立て可能」という発想で、北米で生まれ、すでに70年ほどの歴史を持っています。

取り得る住宅の造形が限られることと、合板に頼る構造への抵抗感などから、住まい塾では壁式構法（ツーバイフォー構法）を採用したことはありませんから、ツーバイフォーの特徴については他に譲って、ここでは軸組構法——今日最も施工数の多い在来構法と、伝統構法について考えます。

最近の木造では「プレカット構法」が多くなりました。プレカット構法は在来構法の範疇と考えていいものですが、本来なら手で刻まれていた仕口（二つ以上の部材をある角度をもって接合する方法、またはその箇所）・継手（部材をその材軸方向で継ぐ方法、またはその箇所）の加工をコンピュータ制御の機械にさせてしまうものです。この功罪については後に改めて述べようと思います。

そもそも「在来」というのはどのようなものなのか。現在の木造住宅の構法は昔とはずいぶん違っていますから、学問上の区分けはともかく、我々が今日「在来木造」あるいは「在来構法」と呼んでいるものは、金物を多用した軸組構法と考えて大きな間違いはないようです。

柱と梁で構成されているという点で在来構法は伝統のスタイルに似ていますが、金物を抜いたらバラバラになってしまいます。そんな住宅の骨組をそもそも「木造」と呼んでいいものかどうか、私などは大いに疑問に思っています。我々は金物を「補強金物」と呼びますが、抜いてバラバラになるなら「主強金物」——これでは「木構造」ではなく「金物構造」だといえなくもありません。いずれにせよ、軸組構法で我々が最も多く目にする木造住宅は、ほぼ「在来構法」によるものです。

これに対して「伝統構法」とは、同じ軸組構法にあっても、手の技を重んじ、長い歴史の中で培われ、受け継がれてきた「金物に頼らない構法」をいいます。これを今日の「在来構法」とは明確に一線を画すべきである、というのが私の主張です。木と木を組んで、しなやかで強靭な骨組をつくり上げてこそ木造だと考えるからです。

どこまでが在来で、どこまでが伝統か、といった学問的な論議は本書では意味があるとは思えませんので、ここでは「伝統構法」とは伝統の技を各所に生かしてつくられている木造の構法、くらいに止めておきましょう。

しかし伝統とはいっても、昔のままを伝統と心得て、「私は和小屋以外はやりません」、あるいは地方でしばしば見られるような「入母屋造りに終始する」といった姿勢は、伝統を重んじてはいても、少々頑迷過ぎるように映ります。伝統の技、伝統の構法は、その時代の住宅に生かされてこそ、生きた伝統と呼べるのですから。伝統は固定されたスタイルにあるのではありません。

伝統構法と職人

住まい塾の選択

住まい塾でつくられる住宅の構造に使われている技は、前述の「伝統構法」によっており、次のような心構えで取り組んでいます。

1　職人達が長い歴史の中で受け継いできた伝統の技を重んじること

2　金物に頼らず木と木を組んで、粘り強い構造をつくり上げること
3　見えない部分をも、しっかりつくり上げること
4　右記の姿勢を現代の住宅に生かすこと

2の「金物に頼らない構造」については、いかにそのようにつくろうとしても、「建築基準法」で使用を義務付けている金物がいくつかあります。これについては、金物に頼らない骨組をつくり上げたうえで、あくまでも補強金物として扱うというのが住まい塾の姿勢です。

もう少し具体的に述べると、住まい塾の構造方式の基準は以下の三つになります。

1　原則、1・5〜2・5間《けん》（約2・7〜約4・5メートル）間隔に太い通し柱を配置する。これはこれまでの伝統構法にはない住まい塾独自の考え方である
2　一本物の大断面の梁（胴差《どうざし》）で各通し柱間を緊結する
3　この緊結部分には基本的に金物を使わず、①車知栓《しゃちせん》、②込み栓、③鼻栓《はなせん》、④鼻楔《はなくさび》等の伝統手法を使って木と木をしっかり組む

通し柱は最低5寸（約15センチ）角を使用し、場所により1尺（約30センチ）角以上に及ぶこともあります。胴差の成《せい》は8寸（約24センチ）〜1尺——時にはそれ以上になることもあります。材は太ければ太いほどいいというものではありませんが、金物に頼らず、木組のみで持たせようとすれば、これくらいの断面は必要となります。これによって、がっしりとした粘りのある骨組が組み上がります（在来木造では材が細いのと仕口が浅いために、この時点で金物や仮筋違《かりすじかい》を入れないと骨組はグラグラのままとなります）。

通し柱以外の柱を管柱《くだばしら》と呼びますが、住まい塾ではさらに、この管柱の上下も長枘《ながほぞ》込み栓打ちとしています。これも補助的にではありますが、地震時の横揺れに対して骨組に粘りを加える役目を果たしています。また、この込み栓は地震の上下振動に対する柱の引き抜き防止にも役立つことになります。

以上が住まい塾が採用している構造の大まかな原理です。住まい塾でつくる住宅の単位面積当たりの材木使用量は在来木造の2〜3倍となりますが、コスト面からも常に、無駄のないシンプルな骨組になるよう心掛けています。無駄のない骨組は決まって美しいものです（図32〜34）。

プレカット構法の誤算

プレカット構法のメリットは、加工が速く、その分安いということに尽きると思います。大工

図32　上棟

図33　通し柱と横架材との仕口

図34　車知栓＋込み栓

技術が年々低下していく時代状況の中で、訓練された職人の手を必要としないことも、この流れを推進する大きな力になっています。

過日、奈良の材木屋さんを訪ねましたが、倉庫に大量に積まれている材のほとんどがプレカット用の木材でした。プレカット加工がどれくらいのシェアを占めているのかは知りませんが、速くて安い、となれば多くの人が飛びつくのは自明の理というものです。しかしよほどシステマティックに単純化された住宅でもない限り、大工さんの手加工に頼らなければならない部分が残るようです。

「簡単なところは機械で。機械にできないところは、熟練大工さんの手で……」とは言いますが、頼みの熟練大工さんがいなくなったあとはどうするのでしょう。熟練の手を必要としないつくりに徹するという覚悟があるのなら別ですが。

コンピュータ制御による機械加工・プレカットは、これまでの職人の世界とは全く違う世界をつくり出しました。ほとんど建築に素人のオペレーターがコンピュータを操作して、それに沿って機械が加工してしまうのですから、職人も、技も育たないのです。プレカットが広がっていくことは、大工職人を必要としない世界が広がっていくことを意味しますから、本来の職人が激減していくことにもつながっていくことでしょう。

「そうなっていかざるを得ない」と言う人もいます。かつてプレファブ住宅が台頭した昭和40

年代前半頃には、しきりにそんなことが言われたものでした。しかし住宅を産業と捉える業者はそれで済んでも、住み手の家づくりへの願望や喜び、また実際に手を携えつくっていく職人達の仕事上の充実感が失われていくといった問題は、そう簡単に片付けられない問題です。

仮に骨組はプレカットで済んだとして、そのあとの造作はどうするつもりでしょう。手刻みのできない職人だらけとなったら、造作だってできやしません。実際、ドアセット、出窓セット、収納セットを段ボール箱から取り出して取り付けるだけ――こんなことが、建築現場にすでに蔓延しています。

「今の職人は、ありゃあ職人じゃなくて組立屋だァ」などと揶揄されるのも、こんな状況を指してのことでしょう。単純なところは機械で、複雑なところは人間の手で、というのは合理的なようですが、職人の世界ではこの論理はすぐに破綻《はたん》するのです。単純な仕事の訓練を経ずに複雑な技が身につく道理がないからです。

見えない部分の大切さ

戦後の経済成長の歩みとともに最も疎《おろそ》かにされてきたことの一つ――それは見えない部分を大切にする文化ではなかったかと思います。言ってみれば裏地文化、下地文化です。

今は亡き名棟梁、高橋勉さんは「見えないところまでそんなに丁寧にやることないよ」の一言に「俺は道具を下げる！」と言って現場を去ったことがありました。

左官だって、襖だって同じこと。予算との兼ね合いはあるにせよ、見えない下地をしっかりつくってこその「いい仕事」なのです。

見えない部分は美の問題に関係しないのか？　見える部分にのみ関心が向いて、見えない部分への関心を怠ることは、住宅や器ばかりでなく生活ひいては生活文化そのものを、底の浅いうわべだけのものにしていくと感じるのは私だけではないはずです。

住まい塾の見学会、特に構造や造作の見学会に足を運ばれた方は、工事後に見えなくなってしまう部分を、我々がいかに大切にしているかを肌で感じ取れたはずです。

〝見えない部分は空間の性格となって現れる〟――私はこのことを体験的に知っています。短寿命住宅の最大の原因――飽きる、ということは、見える部分のみならず、見えない部分からも多分に影響を受けているのです。

地震と構法

三つの震災と住まい塾の住宅

近年、我々は三つの大震災を経験しました。

・阪神・淡路大震災（1995年1月17日）
・新潟県中越地震（2004年10月23日）
・東日本大震災（2011年3月11日）

最近はこれに熊本地震（2016年4月14日、16日）が加わりました。

阪神・淡路大震災は建造物に対して未曾有《みぞう》の破壊力を示し、中越地震では広域的な地帯の崩落に見舞われました。

また東日本大震災においては、津波による被害が想像を絶するものであっただけに、大々的には取り上げられませんでしたが地震による被害は広域に及んでいます。私が調査依頼を受けた仙台市内の5階建鉄骨造ビルも、崩壊までには至らなかったものの、取り壊すべきか否か判断に迷うほどの損壊ぶりでした。

住まい塾で建てた住宅のうち調査の対象になったものは、阪神・淡路エリアに8軒、新潟・中越エリアに15軒、東日本・東北エリアに25軒ありました。数軒の壁に大・小のクラック（ひび割れ）が見られたものの、幸いにも構造的に損傷を受けたものは1軒もありませんでした。

最も被害が大きかったのは宮城県塩竈市内の住宅で、本震で震度6強、ほぼ1ヶ月後に震度6弱の余震に見舞われたものです。外壁よりも内壁、特に1階の左官壁にクラックが多く見られました。クラックそのものは部分的でも、左官壁の性格上、全面塗り替えが必要と判断されました。

しかし、大きな揺れだったにもかかわらず、主体構造はしっかり元の位置に戻って建て付けの狂いもなく、我々をほっとさせました。これは、金物に頼らない粘り強い骨組による復元力の強さを確信させるものでした。

金物を多用した木造では、あるところまでは変形を抑えることができても限界を超えて揺すられた場合、金物が変形するか、あるいは金物が木を裂いて変形し、家が傾いたまま元に戻らなくなってしまいます。こうした事例は阪神・淡路大震災の時に数多く見られました。

大震災に見舞われる度に構造基準が見直され、強化されていきますが、木造に関していえば、その度に金物が増えていく印象を受けます。「法的な基準」をめぐって審議する学者・研究者の「学識」と、職人や実務者の「経験」との間にはいつも大きな意見の隔たりがあるのです。

地震の度に、その経験を基準に反映させていくことは大切なことですが、日本の木造建築が戦後一貫して歩んできたのは、どうも木造本来の構造原理から遠ざかる方向だったのではないかと私には思われます。

熟練した大工職人と我々のように伝統の技を重んじながら木造の世界で実践的に生きてきた者とは、おおかた意見が一致するものです。しかし国の基準を検討する立場にある学者・研究者はあくまでも学識者であって経験者ではありませんから、学術的に採用しにくい経験値（知）や感覚などより、計算に載せやすい金物使用の実験数値に重きを置くことになるのです。

阪神・淡路大震災の教訓

①「プレハブは残った」の非見識

阪神・淡路大震災時に朝日新聞が写真入りの大見出しで報じた「プレハブ住宅は残った」（1995年1月22日 大阪版）と、その4日後、夕刊の1面トップで報じた「プレハブ「軽さ」で激震しのぐ」（1995年1月26日 東京版）という言葉は、その後、住宅の趨勢に多大な影響を及ぼすことになりました。

インパクトのある写真とともに掲載された言葉が一人歩きを始め、木造建築に詳しい設計者や職人などがその行き過ぎを窘《たしな》めても、一時はどうにもならぬほど木造住宅の信頼を損なう事態となりました。

古い木造家屋がプレファブ住宅に倒れかかっている報道写真の背景にいかなる事情があったのか――あの偏向した報道に、在来木造・伝統木造の業界から猛烈な抗議が起きましたが、背景の真相は明かされぬまま、うやむやとなってしまいました。確かなのは、大震災に関する新聞記事をまとめて出版された『阪神大震災：朝日新聞大阪本社版紙面集成 1995・1・17〜2・17』（朝日新聞社）には、この写真入りの記事が掲載されなかったことでした。

しかし、いったん世に出たショッキングな報道は、そうした事情とは無関係にかなりの人々に広がっていったのです。こうした動きに疎《うと》い伝統木造・在来木造の関係者はすっかり後手に回り、防戦もままならぬ状況に追い込まれました。あの報道は日本の住宅の流れを大きく変えた歴史的なターニングポイントと言っていいものでした。

しかしながら、「プレハブは残った」と報じられた長田地区の周辺を数度にわたって訪ね、現場に立ちながら、その報道もまた然り、と思わざるを得ませんでした。柱間に満足な耐震壁もない、50年は優に過ぎているであろう古い木造住宅が多かったとはいえ、その多くが倒壊し、多くの人々の命と生活を奪った事実を消すことはできなかったからです。

一方で、公平を期すなら、プレファブも同じ築年数で比較しなければならない、それが公正な報道というものではないか、とも思ったものでした。しかし、そんな年数のプレファブ住宅はまだなかったのです。

②地震と住宅の強度——震災から金物使用の義務強化まで

阪神・淡路大震災の時、震度5以上の大きな揺れに見舞われたエリアに、住まい塾の住宅は8軒建っていました。地震後、家々を回りましたが、震度6弱に見舞われた家の玄関ホールの壁に一部剝落が見られた他には、幸いにも大きな損傷は見られませんでした。

「ガリバーに鷲摑みにされて揺すられているようだった」と住人が表現したくらいに激しい揺れだったようです。真鍮無垢製の窓締り・クレセント（鍵）がグニャリと曲がっていましたから、震災時には四角い開口部が平行四辺形になるくらいに変形したものと思われました。それでも揺れが収まったあとは、構造体はしっかり元の位置に戻っていることが確認されました。

もしも耐震基準のその後の見直しで、我々のような損傷を受けなかった住宅の骨組が参考にされていたなら、その後の建築基準法改正に見るような、金物使用の義務強化一辺倒にはならなかったことでしょう。他にも参考にすべき事例がいろいろあったに違いないのです。この国はどういう訳かマイナスからは学んでも、プラスからは学ぼうとしないのです。

皆さんにぜひ知っておいてほしいことがあります。それは住宅のタイプと地震に対する強度との関係についてです。

プレファブ住宅は住宅の中ではいわば軽量級に属するものです。マッチ箱が揺すられても、地面に叩きつけられても壊れない原理と同じで、確かに軽いものは地震で壊れにくいのです。

壊れない、ということは生命の安全や生活の安全を預かる住宅にあっては極めて大事なことですが、ならば全ての住宅が軽量級に向かったほうがいいのかといえば、簡単には割り切れないものがあります。住宅には構造的な安全性の他にも、満たさなければならない要素がたくさんあるからです。

世の軽量化の流れに対して、住まい塾の住宅はいわば重量級です。無垢材に徹し、材木の総使用量も半端ではありません。左官材だけでも1軒で数十トンの重さを背負うことになります。屋根には金属を使用することが多いのですが、時には瓦、天然スレートといったケースもあります。ですから、家全体の総重量は一般の住宅の少なくとも数倍を超えることは間違いありません。

建築が受ける地震の力、特に水平方向に加わる力は建物の重量に比例するといわれます。即ち、重さが2倍になれば2倍、3倍になれば3倍の水平力が加わる計算になります。軽量級の住宅はさほどの強度を持たなくとも破壊されることはないが、重量級ともなれば骨組にそれ相応の強さが求められる、ということになるのです。

③第二の芦屋としないために

「プレハブは残った」といった言葉が、特に被害の大きかった地域でまたたく間に広がり、その後、行き過ぎた報道の反省期にさしかかった頃には、時すでに遅し。かつて名邸の多かった芦屋界隈は無念なことに軽量級住宅だらけになりました。

震災後間もなく、芦屋に住まい塾で建てた家があります。隣家の方は工事が進む家を見ながら「私も本当はこういう家が欲しかったのよ。でも、大工手間に1日4万円も5万円も出さなきゃ、そんな職人は集められないって言われて……」と無念そうに語っていました。

隣家はすでにハウスメーカー住宅に建て替わってしまいました。我々は長い付き合いの工務店に依頼しましたから、普段と変わらぬ職人手間で出来上がりましたが、大きな震災後には残念ながらこうした状況が生まれてくるのです。

軽量化住宅の急増と法改正による金物使用の義務強化は、その後、全住宅に及んだため、先人達が築き上げてきた伝統の技を死滅の方向に追いやったと言っても過言ではないように思います。学者や研究者主導の、何でも計算大事の、あるいは数値を示さないと安心できない体質は、長きにわたって培われてきた貴重な経験及び経験知を拒み続けるのです。

かつて奈良の宮大工・西岡常一棟梁がいみじくもテレビ番組で、こんなことを語っていました。

「木造において、あなた方が今日、安全の根拠としている数値は、我々が経験によって得てきたものだ」

法規制による数値は、完全を追求した結果決められたものですが、その「安全」は想定した数値内での安全を暫定的に確認するものでしかないことを、我々は忘れてはなりません。想定外に対応し得るのは経験からくる勘と創造力しかないのです。

私が、壊れたものの分析以上に、壊れなかったものから原理を学び、それを生かしていくことが是が非にも必要だというのは、それが想定数値を超えて新しい経験知を獲得していく唯一の方法だからです。

柔構造と剛構造——木造は間違った方向に向かっている

建築構造には大きく二つの考え方があるといわれます。一つは剛構造、もう一つは柔構造です。前者の代表格は鉄筋コンクリート造、後者は木造です。

堅牢さと一口にいっても、がっちりつくる「剛構造」と、しなやかにつくる「柔構造」とでは構造の考え方が根本的に違います。鉄筋コンクリート造の課題は、いかに変形しないように強固につくるかであり、木造の課題は、骨組をいかにしなやかにかつ強靭につくり上げるかにあります。「木構造の本質は揺れながら粘り強く、しなやかに耐えるところにある。これを柔構造という」これは木造の構造理論として学校でも教えられることです。

しかるに昨今の度重なる金物使用の義務付け強化は、この柔構造理論に逆行するものです。固く動かぬように固定するのですから素人感覚では丈夫になりそうですが、想定外の力が加わったら変形し、元に戻らない。元に戻らなければ建ってはいても住宅として使いものになりません。木と金属とでは物性が全く違うので、一体となって補強し合ったり、ともに動いたりしてはくれないのです。

木造の構造上の安全性は、粘りのある復元力に求められなければならないものです。近年の四大地震を経験して、この思いはさらに強いものとなりました。

「柔能《よ》く剛を制す」とも「柔能く剛を和《わ》す」ともいわれますが、これは人間のあり方だけでなく、木造建築の構造についてもいえるのです。もう少し具体的な例で見てみましょう。

いくら柔らかさが大事だとはいえ、かつての日本家屋にしばしば見られる間《ま》（柱と柱の間の空間）の大きい、柱だらけの木造や、古民家のような柱と梁だけで持っている建築は、横方向の揺れに対して弱点があるのは素人目にも判るものです。それでも計算値以上に長寿命を保ち得てきたのは、地震をやり過ごす思想と、全体で支え合う柔らかい骨組架構のおかげであったと言っていいように思います。こうした古い木造住宅には学ぶべき面と、省みて改善すべき面の両面があります。

学ぶべきは木造の原理に適ったしなやかな骨組、改善すべきは垂直方向の浮き上がりへの備えと、水平方向の耐震性でしょう。

しなやかな構造を保ちながら、耐震性をどう併せ持たせられるか――これが木造の今日的課題であり、目指すべき木造住宅の本道です。日本には金物に安易に頼らぬ職人技が連綿と続いてきたのですから、この技を現代にどう生かしていくか、その先にこそ粘り強い木構造の理想があると思うのです。

金物を使わずに骨組を組み立てられる熟練した職人は少なくなりましたから、技術不足を補うための金物の義務付けまでは認めてもいいのです。しかし一方には、極力金物を使用せずに木と木を組んで耐えさせていくという、木造本来の家づくりに取り組んでいこうとしている職人達もまだまだいるのです。法改正でそうした技が認められ、かつ推進する方向に進んだなら、木造住宅の世界は本来の輝きを取り戻し、それに関わる大工職人達はどれほど励ましを受けるか知れないのです。

第五章　現代の住宅素材を考える

住宅では今や〝ニセモノ素材〟が本流。しかもホンモノを知らないからニセモノかどうかすら判らない時代になっています。木には見えるが木ではない、左官に見えるが左官でない、クロス（布）のようだがビニールクロス――といった按配です。

今は「クロス」というと、専門家も含めた多くの人がビニールを思い浮かべるようで、本物のクロスを使いたい時はわざわざ「本クロス」と言わなければなりません。石も同様、人造石もあれば、石に似せたタイルや石そっくりの合成樹脂、それにサイディング（ボード状の建材）もあります。ですから本物の石を使いたい時には「本石」と表記しなければならない、そんな時代になりました。

素材で変わる愛着

素材で共感できなければ……

先日、「屋根は鉄板瓦、外壁はサイディングにしてほしい」と言って譲らない人がいました。

理由を尋ねると、割れるのがいやだと言います。本物の瓦、本物の左官は時に割れたり、クラックが入ったりもしますが、それによって強度の問題が生じる訳でもありませんし、欠点を補って余りあると説明しても折り合えないのです。

そもそも、なぜ住まい塾を訪ねてきたのか？

「私はハウスメーカーでもいいんだけれど、息子夫婦が住まい塾がいいってきかないもんだから」とのこと。二世帯住宅をつくりたいとのことでしたが、御両親は息子夫婦の希望に折れたのでしょう。

「住まい塾でいいけど、金は私が出すんだから、私の希望に沿ってもらわないと、困る！」

実物を見たりしているうちに徐々に変わる人もいますが、その期待も空しく、結局お断りさせてもらいました。素材の段階で共感し合えなければ、この先もうまくいかないと思われたからです。これは、どちらが正しいといった問題ではありません。住宅は一人でつくるものではありませんから、建主と設計者の相性が大事なのです。

こんな風にいうと、何を大げさな――と思うかもしれません。しかし建築素材は文字通り建築の命なのです。住まい塾の東京本部は、江戸末期に建てられた築２００年ほどの商家です。２階の縁側は当時のままですから、床からスキマ風がスースー上がってきてとても寒い（図35）。この寒さがいやだからと、今風のハリモノの床に張り替えたらどうなるか。おそらくその異質な素材一つで建物は大きく価値を損なうことでしょう。

さらに群青漆喰《ぐんじょうしっくい》の壁をよく似たビニールクロスに変えたなら、建物は一気にその価値を失うはずです。間取りなど何も変えず、ただ縁の床、壁の素材を変えただけで、ここに住む私からすれば、「住むに堪えないものとなる」。だから「素材一つで建築が生命を失う」と表現するのです。

図35　住まい塾の2階縁側　© 住まい塾

改装によって生命を落とした古民家を私はいくつも見てきました。その原因の主たる一つが、新しく使われた素材の選択の誤りにあるのです。現代の家の改装と古民家とでは訳が違うというかもしれません。しかし古民家でそれが歴然と判るだけのこ

図36　住まい塾の２階室内　© 住まい塾

とで、素材が建築に重大な影響を及ぼすという点では何ら変わりはないのです（図36）。

短寿命化と愛着

我々は〝耐久性〟という言葉をよく使いますが、まだ十分使え、構造的にも大丈夫なのに住宅が壊されてしまうことがあります。この場合の耐久性はどう考えたらいいのでしょうか。

かつて私が大学で助手を務めていた井口洋佑教授は、住宅の場合、「耐久性」よりも「耐用性」という言葉を使う方がふさわしいと教えてくれました。理由はどうであれ、用を為さなくなったら終わり——それが住宅の寿命という訳です。

住宅というものは、本来なら現在の３〜４倍、少なくとも１００年くらいはもたなければならないものです。平均寿命30年では、建て替えようにも、ローンが終わってまたローンとなります し、100年ほどはもってくれないと、少々太い柱などは再生産すらできません。30年前後での スクラップ・アンド・ビルドでは、持続可能な木造の家づくりは原理的に不可能となるのです。

ニセモノ素材によって大きく影響を受けたのは、住宅への〝愛着〟でしょう。私は以前出した 本（『知的住まいづくり考』TBSブリタニカ）に、住宅の短寿命化は愛着の問題と密接に関係して いると書きました。構造はまだしっかりしているのに続々と壊されていくのは、家に対する愛着 が希薄なせいではないか、と書いたのです。この愛着の問題は、言葉をかえれば〝飽きる〟とい う問題でもあります。

高度経済成長期を境に、住宅で大きく変わったのは「素材」であり、素材の変化が住宅に劇的 な「質の変化」をもたらしました。このことに気付いている人は意外に多くありません。

現代的な意味からいえば、性能や居住性に優れている訳でもない住まい塾の東京本部がいまだ ここに建ち、使われているのは、偏《ひとえ》に愛着の持てる家、壊すに忍びない家だからです。

では、この「壊す気になれない……」「壊すに忍びない……」といった心情は、どこから生ま れてくるのでしょうか。ここに一つの事例をお話ししようと思います。

東京・杉並区に住むYさんから、「両親が住んでいる大きな居宅を壊し、敷地の4分の3にマ ンションを、残り4分の1に新たに住宅を建てたい」との相談を受けました。相続を考えると避けられない選択とのことでした。

その家を訪ねた時、私は直感的に「この家は、私の手で壊す訳にはいかない」と思いました。それほどすばらしい屋敷だったのです。築50年は超えているであろう住宅は、長い年月の間に味わいを増して、家としての味わいのピークにさしかかりつつありました。華美ではないが実に丁寧につくられていて、丹精込めた庭との一体感は、一度壊してしまっては二度とできないものと思われました。

はじめてお会いする御両親は憂鬱そうでした。歓迎の気持など持てるはずもなかったに違いありません。こちらは設計者とはいえ、想い出深い家を壊すデストロイヤーでもあったのですから。私は家をどうするかよりも、もう一度、相続問題に知恵のある税理士に相談してみませんか、と切り出しました。お父様は一瞬間を置いてから、つぶやくように言いました。

「これまで3人の税理士に相談してみたけれど、結論は3人とも同じでした。やっとの思いで決心したのですから、その話はぶり返さないで下さい……」

よほどの思い入れがあったのでしょう、この材はどこから運んできたもの、この材はわざわざどこまで行って探してきたもの――そして驚いたことに、建築に携わった大工さんや左官屋さんの名前を一人一人、いまだにしっかり覚えているのです。この住宅をつくった頃の想い出話をしているうちに、目には涙が浮かび、込み上げるものを抑えきれなくなって咽《むせ》び泣きました。

お母様にとってもこの決断は辛いものだったのでしょう、「解体の日には、私はとても見ていられませんから、どこか遠くに行っています……」と言いました。

お父様は「私は解体される様子をこの眼にしっかりと刻む……」と言いました。この様子を脇で見ていたYさんは、両親が席をはずされた後、こう言いました。

「両親が家に対してあんな思いでいたなんて、今日はじめて知りました……」

あの時の御両親の心情を思うと、私はいまだに込み上げるものを抑えることができません。こうした愛惜の情はいったい何によってもたらされたのでしょうか。

当然のことながら、家をつくり上げるまでの思い入れの深さと、厭《いと》わずに重ねたさまざまな苦労があったでしょうし、その思いに懸命に応えようとした職人達の誠実さと意気込みがあったでしょう。また、暮らしの中で積み重ねられてきた幾重もの想い出もあったでしょう。そして、そうしたすべてを最底辺で支えた素材達の力があったように思います。

愛着とは長い年月の間に徐々に徐々に染み込んでいくもの――染み込むには物にその思いを受け止めるだけの何かがいる――こう考えると、目立たぬ形で人間の精神的なものを受け止める素材の果たす役割は実に大きいと思えるのです。

素材の変化で住宅は変わった——湿式構法から乾式構法へ

ごく一部の住宅を除いて、我々の気付かぬうちに住宅の性質は大きく変貌しました。最も大きく変わったのが建築素材ですが、それによって日本の住宅は、かつての「湿式（ウェット）構法」から「乾式（ドライ）構法」へと様変わりしたのです。

従来の「湿式構法」では木材についていえば、天然原木を一次乾燥して、柱・梁、あるいは板材に製材し、その後もう一度乾燥させて建築材として使用します。木製建具などは、取り付け後に狂いが生じないように建具屋さんのもとでさらに乾燥させてから使います。左官材も水で捏《こ》ねて下塗りした後、乾くのを待って中塗、上塗と重ねていきます。このように水分を抜きながらつくっていくので、どうしても手間と時間がかかるのです。

これに対して水分を含まない、乾いた建材で家を造っていく構法を「乾式構法」と呼びます。よく使われる建材は、集成材、そのほか俗に新建材といわれるもの——外にあってはサイディング、内にあってはハリモノ、プリントもの建材・化粧合板、ビニールクロス等です。

最近はドアなども工場で枠ごとセットされ、梱包されて届きますから、大工さんは段ボール箱から出して取り付けるだけです。ですから、無垢の木材や左官材のように加工手間も、乾かす時間もいりませんし、左官材をボタボタと床に落として現場を汚すこともありませんから、住宅がスピーディーに出来上がっていくのです。

日本ばかりでなく、どの国においても家づくりは自然素材を中心とした「湿式構法」が主流でした。これが、工場で新建材が量産され、乾いた建材で家が建てられるようになってから、国や地域、地方の特色といったものが住宅から失われていきました。その国、その地域に産する自然素材でつくられるものと違って、量産型の工業化建材は販売ルートに乗って全国くまなく行き渡るのですから、住宅が風土的特徴を失って画一化に向かうのは当然の帰結だったのです。

これまで長寿命を保ちながら愛着を持って住み続けられてきたのは、湿式構法の家がほとんどです。乾式構法の歴史は浅いので当然ともいえそうですが、湿式構法と乾式構法との経年変化による味わいの差は、この先もずっと変わらないだろうと思います。

生き物としての人間の身体感覚に馴染みのいい素材は、そう多くはないものです。この時代に主流となった新建材を手に取り、触り、眺めて、その実態を知ると、皆一様に驚くのです。少なくとも「これぞ私に馴染みのいい素材だ！」などと言う人はほとんどいないと断言できます。単に知らないだけ、知らされていないだけなのです。

多くの人が、時代とともに工業技術が発達し、そのおかげで家が早くできるようになったと思っているようですが、そうではありません。使われる素材が水分を含んだものから乾いたものに変わり、それにつれて構法が湿式から乾式に変わり、家そのものが早くできる性格のものに変わったただけなのです。我が国の住宅が「構法の変化によって性格を大きく変えた」ことに明確に気付いている人は、意外にも少ないのです。

どちらがいいかは一概にいえませんが、日本の住宅は「乾式構法」にすっかり占領されてしまった感があります。早くできるのはうれしいことですし、仮住まい期間も短くその分家賃も浮く。工事をする側もお金の回りが速くなるのですから、商売としては喜ばしい——両者の思惑がうまくかみ合って主流となったのです。しかし構法の善し悪し以前に、乾式構法は先に挙げたような夥《おびただ》しい数のニセモノ素材を生み出してきたのです。

ニセモノに囲まれた暮らしでは……

驚くほど素材を知らない

第一章で、日本の住宅は〝空間の質〟が問題であることを述べました。住宅素材は空間の質に深く関わるものだけに、我々は素材そのものに触れ、自分の身体で確認し、身体に眠っている感覚を目覚めさせていく必要があるように思います。

生き物である人間に馴染みのいい素材は、第一に木であり、漆喰等を含むところの土系の素材であり、石です。草・藁《わら》・茅《かや》といった植物素材も日本人には馴染み深いものでしたが、現代の住宅からはほとんど姿を消しました。紙は障子や襖に残ってはいるものの、草も藁も茅も縁遠い。畳とはいっても、これで畳と呼べるのかと思われるものも多くなりました。こうなると、我々は本来、人間に馴染みのよかった素材をことごとく失ってきたことが判るのです。

住まい塾では、これまで「素材」をテーマに繰り返し勉強会を行ってきました。そこで気付くのは、今日使われている住宅素材について、多くの人があまりにも知らな過ぎるという現実です。素早く取り付けられてしまうために、素材をよく見たり、手に取って触ったり、真の姿を確認することがほとんどないまま、家ができてしまうせいなのでしょう。

ハリモノの床材の表面に薄く貼られている本物の板（板と呼ぶのも憚《はばか》られますが）がいったい何ミリなのか――ほとんどが1ミリ以下、0・3ミリほどの厚みのものが中心です。そんなに薄いのに、なぜ剝がれたり擦り減ったりしないのか。それは表面に硬質樹脂塗料が塗られているからです。さらに合板には何層も接着材が塗られていますから、木には見えても水分を吸ったり吐いたりする木の性質を全く持っていないのです（図37）。

壁・天井等に張られる練付合板《ねりつけごうはん》ともなると、表面の厚みはさらに薄く、0・1ミリなどはざらです。この練付合板の時代も過ぎ去りつつあって、今やホンモノを写真に撮って印刷し、塩ビシート状にしたものを表面に貼った木目調プリント建材が、ドア、ドア枠、出窓カウンター、巾木《はばき》、廻《まわ》り縁《ぶち》――と至るところに使われ、完全に主流になっています（図38）。ハウスメーカー等の量

図37　ホンモノとハリモノ

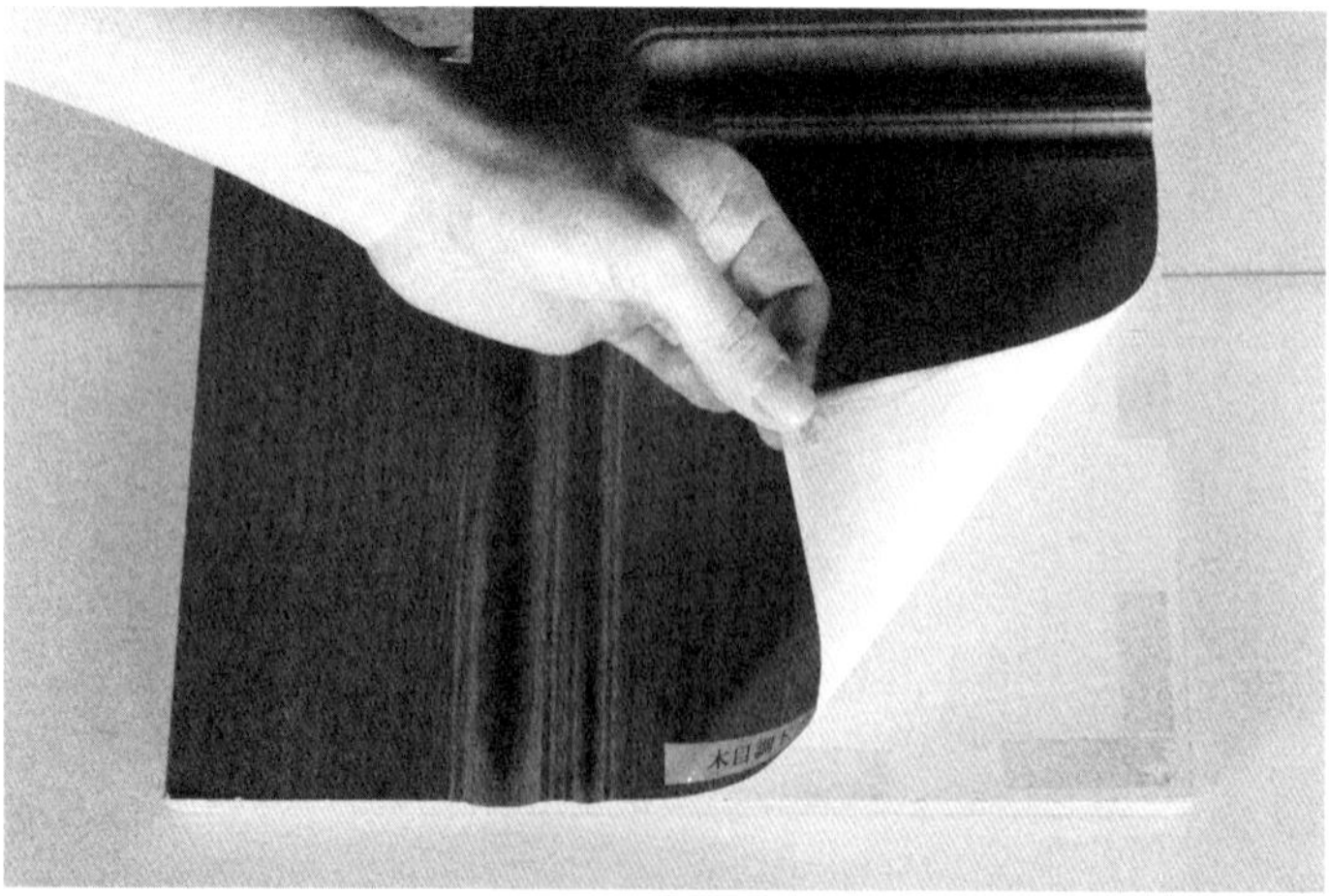

図38　木製のドアだとばかり思っていたら……

産型住宅には例外なくこのような建材が使われていますし、スピードを競わざるを得ない一般住宅でも、同様の傾向が主流を占めつつあります。

こうした新建材の切れっ端の裏側や断面を見て「ヘェ〜ッ！」と驚く人や、「本物の木だと思っていた」と言う人もめずらしくありません。表面だけ見ればホンモノの木に見えるのですから。日本の印刷技術は驚くほど高度になりましたから、直接触りでもしない限り判りません。さらにはザラついたテクスチュアまで巧みに出せますから、触っても俄かには判らぬものがあるほどです。しかし、いくらホンモノに見えてもニセモノはニセモノ。ホンモノとは性能・性質において、また経年変化への応え方において全く違うのです。

これまではニセモノの上に薄いホンモノを一皮貼るのを〝ハリモノ〟と呼んできたのですが、その一皮もニセモノでは、これをどう呼びましょう。今は、人を侮った建材だらけとなりました。「見た目にどうの、性能がどうの、という前に、ホンモノに似せよう……見ても触っても判らないようにしよう、というその精神・根性がいやだねえ」と言うと皆笑いますが、笑い事ではないのです。ものづくりのポリシーがそこに表れているのですから——。

感覚は1時間で変わる

住まい塾では年に数回、工事中の現場や完成した家の見学会を開いています。ここで参加者は住宅そのもののほか、植栽・外構を含めた空間の性格と、それを支える素材に直に触れることになります。同時に職人達や設計者の住宅に対する思いや、建主の経験を聞くことになります。

展示場を回り、さまざまな住宅を見ても、今ひとつしっくりこなかった人も、たった1、2時間で自分の感覚を再認識することになるのです。

これは素材の勉強会についても同じことがいえます。2時間の勉強会で、素材に直に触れるのは1時間足らずだというのに、この1時間で、昨日まで何とも思わずに見、触れていた素材の真の姿に触れて、「こういうニセモノの素材に囲まれて暮らすのは絶対にイヤだ！」と思うまでに変わるのです。

素材の勉強会の後、家に帰って、「家が昨日までとまるで違って見えた」という人もいれば、「自分の家の玄関のドアノブの感触にガッカリした」という人もいました。ごまかしのないホンモノに触れたら、人の感覚はこれほどに変わるのです。

身体で感じ取る大切さ

本を読み、話を聞いて学ぶことは大切なことですが、それよりも大切なことは、身体で直に触れ、身体でまるごと感じ取る〝体験〟ではないかと思います。同時にこれは情報化社会の中で我々に大きく欠けてきたことでもあります。

これまで開かれた見学会の主なものは、次の通りです。

・刻み：上棟前の骨組の仕口・継手の実際を加工場で見る
・骨組：上棟見学会
・完成住宅の見学会
・築後10年以上の家の見学会：生活と建物が一体となって味わい深くなった住宅を見る
・木製建具製作現場：木製建具の加工場を訪ね、その製作工程を見る
・：住まい塾で多用される真鍮鋳物金物の工場を訪ね、その製造工程を見る
・林業／製材所：林業の現場と、そこから運び出され、製材されるまでの工程を見る
・達磨窯（瓦）：日本で数基となってしまった達磨窯によるイブシ瓦の製造工程を見る

現代では情報媒体を通じてたくさんの知識を得ることができるようになりました。しかし、逆に自分の身体の中に潜んでいる感覚を発見し、目覚めさせていく〝体験〟が想像以上に少なくなってしまいました。

夏の暑い盛りの上棟式で、汗だくになって働く職人の姿を眺めながら、ある高校生はこう言ったのです。

「額に汗して働くって言葉は知ってたけど、見るのははじめてだなア……」

その言葉を聞いた父親も「自分の子供ながら、いささかショックでした」と。別のところでは、「別荘なんかつくったって行かないよ！」などと言っていた生意気盛りの若者が、出来上がった別荘の暖炉の前で、はぜる薪の音、揺らぐ炎をじっと見つめているのです。電気じかけのニセ暖炉ではこうはいかないでしょう。

自分の棲《す》みかを確信を持って選ぶには、自分の深いところに潜んでいる身体感覚を目覚めさせる必要があります。それには自分の眼で見、自分の身体で触れる以外に方法はないだろうと思います。直に接してはじめて何かが身体に染み渡るのです。ある見学会の感想カードに次のように記されていました。

「知ることは触れること……感動する自分に出会わずして、真の自分は発見できないものだと知りました」

モノが消え、技が消え、人が消える

工業化建材が隆盛の一途をたどる中、自然素材は低迷にあえいでいます。特に木材の需要が伸びない。そのため多くの材木店が縮小・廃業を余儀なくされています。供給源である林業も、後継者不足とあいまって手入れが行き届かず、山の荒廃が問題視されています。

高級材木としてブランド化されている京都・北山や奈良・吉野ですら問題は深刻でした。そんな中、秋田杉の並材《なみざい》が中国に大量に輸出されていると聞いて、耳を疑いました。富裕層が良材を欲しているのならまだしも、並材を輸出して採算が取れるのか――秋田ばかりでなく日本のあちこちで苦しまぎれの状況が生まれています。

左官材の多くがビニールクロスで代用され、石油系の合成樹脂でできた速乾性の左官材が主流を占める中、聚楽《じゅらく》、京壁、漆喰《しっくい》といった自然素材を中心とした左官材は本当に使われなくなりました。

我々が最も優秀な既調合左官材として、初期から使い続けてきた大阪の左官材メーカー「梅彦」は2009年に廃業、その後やっと見つけた都内の「東京壁材」も2010年に解散。使われなければ潰れていくのは世の習いですが、たとえ主流にならずとも、伝統的な素材をつくり続けている人達がやっていける程度には需要があってしかるべきなのです（幸いにも製品の一部は他社が引き継いで生産され続けています）。

東京壁材のベテラン営業社員は、「ただ水で溶いて塗ればいいようなものは、新入社員でも営業が務まりますけど、住まい塾で使うような左官材は、左官のことをよく知っている人間でないと務まらないんです。でもそういう需要が本当に少なくて……。営業成績、私より新入社員の方が上だっていうんですから……なさけないです……」としんみり語っていました。

こうした流れはそれ以外の分野にも及んで、長く付き合ってきた建具金物メーカーの「HORI（堀）商店」や「ベスト」も苦戦を強《し》いられているのではないかと思います。安価な金物ばかりが大量に売れて、しっかりとした真鍮金物の需要は、本当に少ないようです。メーカーがいいものをつくりたいと望んでも、使う人がいなくてはつくることはできません。生産ロットを聞けば驚くほどの少量生産なのです。

HORI商店の古い番頭さんは「昔はこういう金物ができないかっていろいろと相談されたもんですが、今はいきなり「いくらになるか？」ですからねえ……」と嘆いていました。これはベストとて同じことでしょう。

江戸和風金物の老舗「清水商店」も廃業となりました。江戸の伝統は金物一つ取っても、京都のそれとは風情が違って、清水商店の襖の引手などは好んで使ったものですが、それももう手に入らなくなってしまいました。

こうした事態を時代の流れと簡単に片付けず、メーカーが消え、モノが消えるということは、人が消え、技が消えることだと、もっと真剣に現実として受け止めなければなりません。熟練の技も、熟練工も必要としない時代といわれて久しいのですが、今のような社会状況から生み出される住宅は、我々の生活感覚、素材感覚を徐々に萎《な》えさせていっています。しかし、こうした時代の流れではあっても、我々が着実に選び、使い、声援を送っていけば、事態は確実に回復に向かっていくはずなのです。

素材を生かす家づくり

レンガにも夢がある

「〝自然素材の家〟というから行ってみたけど、ただそれだけのことで、さっぱり魅力がなかった」などと批判されるのは、素材が生かされていなかったことを意味しています。

ユダヤ系アメリカ人の建築家ルイス・カーンの言葉に従えば、「素材がなりたがっているその声を聴き取れなかった」ということになるでしょう。

木や土ばかりでなく、庭の樹や草も、素材達はみんな「俺達を生かしてくれよなあ」と小さな声で叫んでいると私は感じます。「素材の中に声を聴く——それが表現の元だ」という感覚は、大工さんでも左官屋さんでも、鍛えられた人なら共通して抱くものではないかと思います。

ルイス・カーンは、エール大学における講義の一コマで次のように語っていました。

何かに〝かたち〟を与える時は、その本性に問いかけねばならない。
それがデザインの始まりだ。

例えば煉瓦に〝何になりたい?〟と話しかける。

〝アーチになりたい〟と煉瓦が言う。

〝アーチは金がかかるから、「まぐさ(横架材)」でやるけどいいか?〟と煉瓦に聞くと、

〝アーチがいい〟と言う。

ここが大事なんだ。

素材に敬意を払うべきだ。

〝素材なんて一杯ある〟という考えはダメだ。〝やり方もいろいろある〟ではいけない。

煉瓦に敬意を払い、讃美せねばならない。

使い方を誤る前にだ。


(映画『マイ・アーキテクト――ルイス・カーンを探して』より ※括弧内、編集部)

素材の命を生かすなどという感覚は、日本人特有の、あるいは東洋的なものと考えられがちですが、彼の話に耳を傾ける学生達の真剣な眼差しを見ていると、こうした生命観は決して日本人や東洋人に固有のものではないと感じます。

木・土・石・金属といった素材達は、大変な年月を経てやっと使われる日を迎えます。そのことを考えるだけでも、人間は素材の前にもっと謙虚でなければならないと思うのです。

「私は店をつくるのに、土に還るもの以外は使いませんでした」と語ったのは、東京・あきる野市にある「燈々庵《とうとうあん》」の御亭主です。自然素材などというよりもよほど明快だと思い、感心して聴きました。これが木造住宅の本来のあり方かもしれません。

木も人も　やがては土に還るもの
木も人も　故郷は同じ土……

こんなことを考えていると、人間が木や土に親しみを覚えるのは当たり前だと思われてきます。

命そのままに——背割について

昔の大工さん達は柱の正面あるいは見える面に割れが入るのを嫌って、背割《せわり》という技を見出しました。割れる前に人為的に割れを入れておくのです。

木材、特に芯持《しんもち》の柱などは、その性格上、乾燥収縮によって芯から放射状に割れが入ります。これはよほど慎重に長い時間をかけて乾燥処理しない限り、避けがたいものです。特に大断面の柱ともなればなおさらで、一面に背割を入れることで予測しない面に割れが入るのを防ぐ意味があります。

しかしこの背割を私はあまり好みません。背割部分が徐々に開いて、台形状に歪んだり、見た目の力強さが失われるといった理由からだけではありません。自然の性質に対して事前に、人為的に手を入れることに抵抗があるのです。

程度の問題はありますが、私は「素材が割れたいのなら割れるままにしておけばいい」という口なのです。時に正面に大きな割れが入ったり、太い芯持柱などには幾筋もの割れがバリバリと豪快に入ったりします。これで強度が落ちやしないかと心配する人もいますが、十分な断面があるので心配はいりません。細身の数寄屋普請《すきやぶしん》などには似合いませんからケースバイケースですが、シンプルで豪快な骨組と材を素朴に扱う住宅には、あまり神経質にならずに、かえって自然に預けておくくらいの方がいいと私は感じています。

「自然のままに」のついでに、松のヤニ抜きについても話をしておきましょう。

一口に松といっても、日本の赤松、カラ松、それに北米・カナダから入ってくる米松《べいまつ》、その他ロシアカラ松、北欧のホワイトパイン等々いろいろあって、性質も木目の表情もさまざまです。住まい塾を始めるはるか前から、私は好んで米松を使ってきました。最近は米松も値上がりし、国産の杉と同等もしくは国産の方が安くなって、杉材を使うケースも増えてきましたが、木理《もくり》を好んで米松を使うケースは今も多くあります。

米松は松の一種ですから、日本のカラ松ほどではないにしても、松ヤニを含んでいます。ヤニはしばしばクレームの対象になるので、クレーム嫌いの昨今ではヤニ抜材が多くなりました。しかし経験からすると、ヤニの成分を抜くとクレームが消えると同時に、木の魅力も消えてしまうのです。木が樹脂分を失って、しっとりとした肌の魅力を失うのです。いわば性分《しょうぶん》の抜けた木になるのです。強度もおそらく落ちていることでしょう。

そんな理由から、私はマツはヤニ成分を少し残した状態で使います。乾燥段階でだいぶ抜けるので、完成後にヤニがあちこちから出てくることもありません。部分的にヤニが出て困る場合には、燃料用アルコールかアルコール度数の高い焼酎等で拭き取ってやれば徐々に出なくなります。酒好きな人にこの方法を勧めたら「ヤニの前に焼酎がなくなっちまったよ！」と言われましたが。

ヤニ抜材の松のように、欠点を除いたために長所をも失ってしまう例を多く見かけるようになりました。長所と欠点を併せ持つ自然素材を使う場合には、欠点をあるがままに受け容れる覚悟が必要だと思います。しかし今の時代の人には、この覚悟がありません。長所を見るよりもはるかに欠点を多く見るからです。欠点があると、すぐクレームになる――。

世の建物の大半を占めるようになった木目調塩ビシートも、ハリモノ建材の多くも、左官風ビニールクロスも、気付かぬうちに我々が育ててきてしまったものです。よくはないが当面はクレームが出ない方を、我々は多く選び、育てたのです。

欠点があってもいいものはいい――いいことずくめはないと知って、そのうえで欠点とも付き合っていく――この覚悟がなければ、よきものは命をつないでいけないのです。〝当面〟欠点なきもの、〝当面〟クレームなきものがよいものでは決してないのです。

国産材・輸入材論争

「国産材」対「輸入材」論争はずいぶん長い間喧《かまびす》しく論議されたものでした。今は国産材の価格が低迷し米松などの輸入材がずいぶん高くなったので、この議論は収まっていますが、内容的には本質を欠いて国産材市場保護の域を一歩も出ることはなかったように思います。

価格もさることながら、大口径の材が入手しやすかったことと、木理《もくり》に魅《ひ》かれて、私自身は50年近く前から米松（カスケード山脈系）を使い続けてきました。しかし、「日本人なんだから日本の材を使えばいいじゃないか！」「日本の住宅なんだから、国産材を使えばいいじゃないか！」という意見にしばしば晒されたものでした。

冷静な人の中にさえ、「日本の住宅には日本の気候風土で育った木が一番。外材なんてダメだ」という人がいまだにいます。

この意見には確かに一理あるのです。しかし、「秋田杉を東京で使ってはダメなのか」「尾州の檜をアメリカに持っていってはダメなのか」と問えば、「そりゃあ構わないだろうよ」と言うのですから、理屈に合わないのです。

「日本の住宅には日本の気候風土で育った木を使う方がいい」という意見に異を唱える気持はありませんが、〝外材〟という言葉にはどこか偏見が含まれていたように思います。それをたいして使った経験もない者が判ったように言うのですから、なおさらです。

結局、気候風土と材の関連性には「その風土で育った木はその風土の中で使うのが最も自然だ」という理と、「どこの国の材であろうとも、いいものはいい、よくないものはよくない」という理の両面があるのです。

米松を使い始めた初期には「(狂って歩止まりが悪いから)見積予算を倍も見てもらわなきゃ使えない」とか、「建具に米松を使うなんて、狂ってしょうがないよ」とか言われたものです。しかし多くの人が使うようになった今日、そんなことを言う人はまずいません。

かつては、人手のかかった植林材が中心の国産材に比べ、輸入材(外材)は天然材が中心だったので格段に安く、よく売れました。特に米松は大口径の良材天然丸太が安価に手に入ったため、一時期爆発的に売れたのです。

そのため、「皆が安いという理由で輸入材ばかり使うから国産材は低迷し続けるのだ」といった批判が長い間続きました。しかし植林した杉等が伐採期を迎え、米松と同等、もしくはそれより安いといわれるようになっても国産材は需要が伸びず、低迷したままです。なぜなのでしょう。不景気による住宅着工件数の減少もあるでしょう。しかし根本的な問題は、今日の住宅に、特に無垢の木材が使われなくなったことにあります。

今風のドライ建材・集成材だらけの家がいかに建っても、ハリモノ、プリントもの、ビニールクロスの家がいかほど建っても、木材の需要は伸びないのです。これは明らかに構造不況なのです。

最近は減少傾向にあるとはいえ、日本の単位人口当たりの建設戸数は異常なほどの多さです。それを我々は〝需要〟と呼んでいますが、元をたどれば短命な住宅をそれほど大量につくってきたという事実に突き当たるのです。それは同時に世界の資源を無駄にし続けてきたことを意味しています。

日本は森林国であるにもかかわらず、自国の木材を使わず、諸外国の木を買いあさっているとの批判もありますが、大量に輸入していることよりも、浪費していることが批判されているのだと考えなければなりません。30年足らずで役割を終えるような住宅をつくり続けていては、世界の森林資源は枯渇していくと知るべきなのです。

米松のこと、杉のこと

現在、住まい塾では「見え掛かり材」（完成したあと見えてくる部分）の主材に、米松、杉、および檜、めずらしいところでは栗を使ったりしています。しかし土台・管柱《くだばしら》・下地材等の「見え隠れ材」（完成後、見えなくなる部分）には、杉、檜等の国産材の使用を原則としています。防虫・防腐効果に優れたヒバは米ヒバを含め土台に時々使いますが、見え掛かり材としてはあまり使いません。それは黄白色系の木肌に、木としての魅力を今ひとつ感じないからです。このように、材にはその性質に適した使い道があるのです。

これまで長く使ってきた経験から、米松をうまく使えない設計者は、杉も檜もうまく使えないだろうと思います。米松はその赤身が健康的で木理もはっきりしていて、表情も非常に豊かですから、モダンな雰囲気を出しやすい材なのです。端的に表現すれば、少々構成に厳しさを欠いても、節の多いグレードの低い木を使っても、野暮くささが出にくいのです。これは木そのものが持っている性格によるものでしょう。

これに対して杉はなかなか厄介です。数寄屋普請のように良材を細身で使うには非常に適した材ですが、住まい塾のような豪快な骨組に大断面の造作材が多い住宅となると、グレードの少し落ちた並材を素朴に使うケースが増えてきます。こういう場合に杉は気難しい面を見せるのです。

赤身や白太《しらた》が混じり、節にも赤あり黒ありといった具合で、こういう材を使いながらも野暮くささを出さないようにするには設計者にかなりの力量が求められることになります。構成に厳しさを欠けばすぐに野暮ったくなるのです。

私は杉の豊富な秋田に生まれました。まわりに大きな木工所があって、杉にまみれて育ったようなものですが、それでも杉に対して自信が持てるようになったのは50歳を過ぎてからです。それほど杉は、生かして使うに難しい材なのです。

材を生かして使う

木材や左官材の需要低迷の第一の原因が、家づくりが乾式構法に変わり、異常なスピードでつくられるようになったことにあると述べました。この傾向は、多くの住み手が「あのような性格の住宅では、私はいやだ!」と言う日が来るまで変わらないだろうと思います。

しかし勘違いしてはならないのは、湿式構法の家の要望が増えたからといって、魅力ある住宅が一気に増えるわけではないということです。魅力ある家を生み出すためには、つくる側になお一層の力量を身につける努力が求められています。裏返せば、長い歴史を持つ湿式構法の世界が、これほど見事にしてやられたのは、時代にふさわしい、人々の心を捉えるだけの魅力ある住宅を生み出し得なかったということでもあるのです。

自然素材、無垢の木、漆喰——どれも悪くはありませんが、生かしてこその材であり、生かされてこその材なのです。一時、掛け声の上がった林産地の「産直住宅」も「地産地消住宅」も、継続できなかったのは、人々の心を捉え続けるだけの魅力をつくり出せなかったからです。

国の制度も銀行等の住宅ローン制度も、乾式構法化への流れを加速させています。彼らの想定する着工から上棟・完成に至るまでの期間の短さは、湿式構法のことなどまるで念頭にないかのようです。時間をかけてじっくりと、しっかりつくることはいよいよ困難になりつつあります。どこもかしこも金回りを速くすることばかり歓迎するのです。このままいけば日本は乾式構法による乾いた家だらけになるでしょう。こうした流れに対して、まず家をつくる一人一人が、自分にふさわしい住宅とはいかなるものかをよく考え、選択を過《あやま》たないところから始める以外にないのです。


この章を通じて、建築素材のさまざまな問題について語ってきました。私は仕事をしながらいつも思っていることがあります。それは「これまで素材感を大切にしてきた我々日本人が、今主流となっているような建築素材に囲まれて平気なはずがない」ということです。どこかで感覚を麻痺させてしまったに違いないのです。これまで勉強会や見学会で実物に触れた多くの人達の反応を見て、このことを確信するようになりました。

ニセモノ素材だらけの住宅に暮らして平気な感覚になってしまうと、ニセモノをニセモノと感じなくなっていく――つまり人間の感覚もニセモノになっていくと考えた方がいいのかもしれません。今日の住宅はこうした感覚麻痺を助長していく傾向にあります。眠ったままになっている身体感覚をそのままにしては、充実した家づくりはやってこないのです。

そのためにも素材の実態をよく知ること。そして、本物に触れ、自分の身体感覚を呼び覚ますことが大切なのです。

素材の選択・扱い・組み合わせ

住まい塾の住宅は、外を通っただけですぐ判るそうです。そうした雰囲気を醸しだしているのはシンプルな骨組と造形、とひとまずいえますが、住宅の性格を底辺で支えているのは、何といっても素材の選択と扱い、そしてその組み合わせにあります。また雑木を中心とした庭の樹々や草花も住宅を構成する素材の一つと考えれば、素材が全体にいかに大きな影響を与えているかが判ります。

ここで、住まい塾で標準に使っている素材の代表的なものをいくつか紹介しましょう。

《フローリング材：床》すべて無垢材
・カバ桜
・チーク

・杉及びカラ松厚板等

《縁甲板：内・外壁及び天井・軒裏》すべて無垢材

・米松

・杉

・檜等

《左官仕上げ材：内・外壁及び天井・軒裏》

・硅砂《けいさ》漆喰・白竜《はくりゅう》漆喰（内・外部）

・調合モルタル（外部）

・リシン掻き落とし（外部）

・プラスター中塗（内部）

・土壁（内部）

・聚楽・京壁（内部：主に和室）等

漆喰とはいっても、昔からの純白の漆喰を金鏝《かなごて》で平滑に仕上げることはまずありません。必ず硅砂、白竜（大理石系石粉）、時に川砂等を混入し、さらに天然の土や鉱物顔料、ベンガラ、灰墨《はいずみ》等を入れてアイボリー系から土色系まで、その人、その家に合わせて調合して使っています。聚楽、京壁等についても、既調合のものをそのまま使うことはめったにありません。

1軒1軒現場で、幾種類もの見本をつくり、鏝も左官屋さんが創意工夫したものを使って、表面に独自の風合いが出るように仕上げるのです。

《屋根材》

・ガルバリウム鋼板
・銅板
・燻《いぶ》し瓦
・天然スレート等

《木部塗料》

・ワトコオイル（内・外）
・オスモカラー（内・外）
・キシラデコール（外部デッキ等）

・ヒバ油（土台）
・その他：自然塗料を中心に

昔は無垢の木部は〝白木造り〟などと呼んで塗装をかけずに使ったものですが、住まい塾ではすべての木部に、木の呼吸を止めない浸透性のオイル塗装を施しています。これによって木部全体がしっとりすると同時に、汚れの付きにくい状態をつくることができます。表面に被膜をつくり、木の呼吸を止めるクリアラッカーやウレタン塗装などは使いません。

素材選びをご覧になればわかる通り、住まい塾にはいかに予算上厳しくとも、ハリモノの床、集成材、及びボードにビニールクロスといった選択肢はありません。

《建具金物》
・真鍮（鋳物・鍛造）＝特注品を含む
・ステンレス（引き抜き・鍛造）
・襖引手：クルミ、桜、黒柿、鉄鋳＝特注品
・敷居スベリ：堅木（樫、桜等）をしっかり埋めること＝特注品

※プラスチック製は厳禁

図39　住まい塾で使用している建具金物

図40　引き手
上：日本胡桃、ウォールナット
下：桜、黒柿

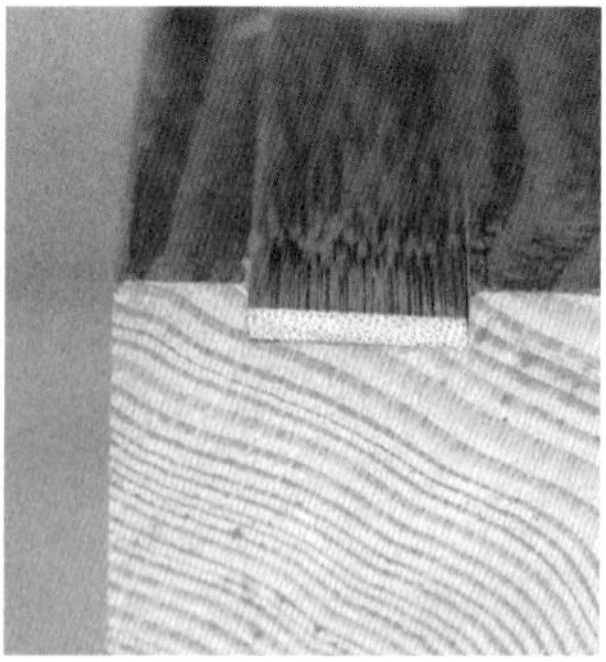

図41　敷居スベリ

建具金物は用が足りればいいというものではありません。建具が入り、建具金物が取り付けられるのは工事の最終段階ですが、それまでの大工工事、左官工事がいかにすばらしいものであっても、建具の出来が今ひとつだったり、ひどい金物が付いたりすると、がっかりするものです。

全体に占める建具金物の面積比など微々たるものですが、この小さなものの不出来は住宅の価値を一気に下げるほど大きいものなのです。玄関ドアのハンドル一つ取っても、直接手に触れるものだけに質感、重量感、捻《ひね》った時の音などは、想像以上に我々に影響を与えます。帰宅する度にカシャカシャとプレスものの金属音がしたら、それだけで興醒めというものでしょう。

建具金物に限らず、水栓のコックを捻った時の感触、照明スイッチのパチンという音すら問題なのです。水栓の方はだいぶよくなったように感じますが、スイッチは誰も問題にしないらしく、日本ではいまだ満足のいくスイッチに出会えません。

建具金物の選択ではいつも予算との兼ね合いに悩まされますが、ビニールクロスが我々の選択肢にないのと同じように、住まい塾にはステンレスのプレスものやアルミ、亜鉛ダイキャストといった選択肢はありません。願わくばもっといい金物を――と私は常に願っています。

第六章　情報に流されない眼を養う

高性能は住みよいか？

ある人が住まい塾を訪ねてきました。

「年寄りと一緒に住むものですから、外との温度差を考えると外断熱がいいって聞きますけど……。それに高気密ってことも考えてるんですが、その辺はどうなんですか？」

質問している方は何ら不思議に思わないようですが、私には最近のこういう傾向が不思議に思われてなりません。性能は大事なことに違いありませんが、関心が性能に妙に偏っている人が多いのです。何がそうさせてしまうのでしょうか。

家をつくろうとする人の多くが、〝住宅の本質は何か〟という視点を欠いたまま、性能にばかり関心を持ち、そうとは気づかないまま情報の波に押し流されて、家をつくってきました。

建ててまだ12年にも満たない家の建て替えを計画したKさんは「勿体《もったい》なくありませんか」との私の問いに、こう答えました。「不思議にそういう気が起きませんねえ」。そして、「性能がいいってことと、住みいいってことは全く違うってことを学びましたよ」と言いました。

この言葉には本質的な問題が含まれています。愛着の問題、そして性能と住みやすさとの関連性。Kさんは12年前に、最も性能のいい住宅を選んだといいます。

「ずいぶん大きな犠牲を払いましたねえ」という私の言葉に、「でも、人生一度ですからね。このままでいくか、建て替えるか迷いましたが、まあ幸い、がんばれば何とかできる状態ですから」。そして夫婦で顔を見合わせながら、「でもなア……これ壊すのちっとも惜しくないよなあ……」と改めてつぶやきました。

・バリアフリー
・高気密／高断熱
・ペアガラス
・外断熱

これらは昨今流行したものの代表格ですが、バリアフリー以外は断熱性能に関するものばかりです。性能なんかどうでもいいという話ではありません。Kさんが言うように、「最も性能のいい家を選んだのに、住みよい家にならなかった」のはなぜか、と問うてみることも必要なのです。つい最近も、軽井沢に家をつくりたいという人が相談に見えました。これまで数ヶ所を訪ねたようですが、その都度いろんなことを言われて、どの意見を信用していいか判らなくなった、と言います。

持参したメモには、「外断熱は絶対条件」「高気密／高断熱」「エアサイクル」「パッシブソーラー／OMソーラー」「床暖房最優先（底冷え対策）」「高床式（湿気が多いからそうすべき）」、その他いろいろと書いてありました。

しかし、こういう類のことは、ほかの与条件の中で冷静に検討し選択すれば済むものであって、家づくりの始めから大騒ぎすることではありません。外断熱も、最近考え出されたように思っている人が大半ですが、40年ほど前の白井研究所時代に、私もあるチャペルで採用したことがあります。この場合には外断熱構法がベストであると判断して、採用に至ったのです。

断熱方式に関心を寄せる傾向は、地球環境の変化や省エネの必要性等が背景にあってのことですが、大切なのは生活自体の見直しも含めて、もっと全体を見渡しながら、どっしりとした構えで家づくりに取り組んでいくことだと思います。

物理性能は住宅機能の重要な指標の一つには違いありませんが、性能がいかに優れていても、それが「空間の豊かさ」に結びつかなければ、住宅としての根本的な要件を欠くことを知っておく必要があります。「空間の豊かさ」が感じられてこそ、人は家を建ててよかったと実感し、数千万単位の代価に値する安らぎが得られるのです。

私はよく「空間の美しさこそ、住宅の最大の機能である」と言いますが、この言葉は甚だしく誤解されて、美しければ機能も性能も犠牲にしていいのか——などと乱暴な議論になることがあります。しかし、多くの人が大きな犠牲を払ってまで家を手に入れようとするのは何のためなのか——その答えを冒頭のKさんは、新しく完成した家で身をもって実感されているのではないかと思います。

高気密ブームにモノ申す

シックハウス症候群と建材

これまで化学物質過敏症（シックハウス症候群）に苦しんでいる人を幾人も見てきました。目を真っ赤に腫らしている人、喘息で呼吸困難に陥っている人、病院通いから抜けられなくなっている人。ひどい場合には、普通の環境には住めず、山奥でなければ生きてゆけないようになっている人さえいます。

こうした原因は、主に住宅に使われている建材や接着剤、塗料などから発散される揮発性の有害物質にあるとされ、なかでも大量に使われたビニールクロスの可塑剤（軟らかくするための添加物質）や合板類の接着剤が主原因とされました。ホルムアルデヒドという成分が一躍有名になったのも、この時期でした。

今思えば、新築臭とか、ビニール臭とか呼んでいた中に、多分にこの成分が含まれていたのです。こうした事態をより深刻なものにさせたのが「高気密ブーム」でした。

東京・吉祥寺に住むIさんは長年シックハウス症候群に苦しんでいた一人でした。心理的に窓など開ける気になれなかったのでしょう。最初に訪れた日、Iさん自身は感じていない様子でしたが、気密性に優れたアルミサッシの家の室内にはムッとするほどのビニール臭が漂っていました。咳が止まらなくなると死ぬほど苦しいのだと、青白い顔をして言いました。

解体までの1年足らずも待てずにシックハウス対策の最低限の改装を施し、その後住まい塾で家を建て替えました。新しい家に移り住んで間もなく、症状は和らぎ、1年ほどで病院との縁も切れたといいます。明らかに住んでいた家に問題があったのです。


このような家がこれまでどれほどつくられてきたことでしょう。散々つくっておきながら、社会問題となって売れなくなれば、一転して「地球にやさしく」「環境にやさしく」——こうした反省の色の見えない姿を見るにつけ、「何を今さら……バカヤロー！」と言いたい気分になります。

しばらくして法的規制がかかり、ビニールクロスからも合板や接着剤からもホルムアルデヒドの発散は極めて少なくなりました。けれども、我々が見抜かなければならないのは、社会問題となり、規制がかかったからそうせざるを得なくなっただけのことで、売れるものはつくり、売り続けていくという本心は変わっていないという事実です。

長い付き合いの大手クロスメーカーの室長から、ビニールクロスにまつわる室内環境汚染の話を聞かされたのはずいぶん昔のことでした。

「今は売れているからどこでもつくっているけど、いずれ社会問題になりますよ」

環境先進国の事例に学べば、室内環境汚染の問題は、メーカーにはかなり前から判っていたことだったのです。もしも規制がかからなかったら、この業界は同じものを今もつくり続けていたことでしょう。昔は〝恥知らず〟という言葉が日常語としてありましたが、いつからか影を潜めてしまいました。

高気密ブームの危険性

世間では、「高気密・高断熱」という言葉がセットで一人歩きしている感があります。高断熱の方は問題ないと思いますが、問題は高気密の方です。

高気密とは、くだけた言い方をすれば、「隙間《すきま》を塞ぎ、空気の出入りがないように住宅をしっかり密封する」ということです。これに高断熱という言葉が組み合わされて、特に寒い地方の人達はさぞかし暖かいだろうと無条件に歓迎したのです。

しかし一方で、高気密には高換気――24時間体制の計画換気が必要だという意識が希薄なまま、住宅の高気密化は進んでいきました。

ビニールクロスだらけの家で隙間をびっしりと塞いで生活するのですから、大きなビニール袋の口をしっかり閉めて、その中で息をしているようなものです。換気がない状態で有害物質を含んだ空気を吸い続けるのですから、化学物質過敏症に苦しむ人を数多く生んだのは当然のことだったのです。

有害物質の発散は社会問題化して昨今の新築住宅には少なくなりましたが、計画換気を忘れた高気密化住宅は規制前に大量につくられましたから、日本にはまだ多く残っているのが実態です。

こうした経緯を踏まえて、2003年にシックハウス対策のための法律（建築基準法第28条、建築基準法施行令第20条）が施行され、建材等におけるホルムアルデヒド濃度の制限及び24時間の計画換気が義務付けられることになったのです。

ここで考えなければならないのは、この制度が24時間の換気システムの設置を国の法律で義務付けた点です。

・部屋を密封する

・酸欠状態、あるいは揮発性有害物質等で空気が汚れる
↓
・汚れた空気は人工的に排気し、新鮮な空気を人工的に取り入れる
↓

というのは論理的には正しいように思われますが、我々が第一にやらなければならなかったのは、「人間の住宅が、24時間の人工換気を義務付けなければならないようなものでいいのか？」と問うことではなかったでしょうか。

空気のいい旭川から見えたある施工業者の社長が「今は北海道でも24時間換気ですよ……ハッハッハッ」と笑っていました。

国の法律ですから今や北海道から沖縄まで、この基準が義務付けられています。

こんな中、2007年3月14日付の朝日新聞に、「開放式ガス小型湯沸器による一酸化炭素中毒死者数は一九八六〜二〇〇六年の二〇年間に三五五人」と報じられました。この記事からは機器の不具合を指摘する声しか聞こえてきませんでしたが、長年住宅に携わってきた私は、行き過ぎた住宅の高気密化がその背景にある、と感じました。

今日の住宅は、アルミサッシの普及で特に高気密住宅と呼ばないものでも、後に24時間の計画換気（機械換気を含む）を法律で義務付けなければならないほど気密化が進んでしまったのです。過日、信州八ヶ岳の分譲別荘地で〝超気密住宅〟なる幟《のぼり》がはためいているのを見かけました。同じ長野県のある工務店主は、私にこのように言いました。「高気密・高断熱までは皆喜ぶんだけれども、「24時間の機械換気の方は予算がないからいらないよ」なんて言う人、時々いますよ……」

〝ピッチリ閉めて、換気なし〟が危険なことくらい判りそうなものですが、そうも言っていられない状況なのです。

24時間換気の矛盾

その① 汚れた空気は外に出せ？

有害物質を発散するような建材は、住まい塾では使っていませんし、特に窓に木製建具を使う場合には、歴史的にも経験的にも人工換気システムなどを施す必要はないと主張していますが、それでは建築確認が下りません。設計者も施工業者も、ぶつぶつ言いながらも表立って批判することもなく、お上《かみ》の言うことに従っています。

それにしても、そのまま住むには危険なほど密封した箱に、24時間の機械換気設備を付けるということ自体、不自然なことだと策定した委員達は直感的に思わなかったのでしょうか。人間は歴《れつき》とした生物であり、人間の家は〝生物としての棲みか〟なのですから。

そもそも、汚れた空気は外に出せばいい、という発想そのものがすでにおかしいのです。

「そうすると、外の空気はどうなるの？」と聞いた子供がいましたが、小難しい議論を重ねておかしくなった専門家より、よほど健全な感覚というものです。

その② 窓を開けていられない

春のぽかぽか陽気の中、息子夫婦と一緒に暮らせるように建て替えたいというNさんの家を訪ねました。まだ周囲に畑が残る長閑《のどか》な環境に建てられた家は築50年ほど。陽気のよい日には窓を開けて新鮮な空気を入れる——Nさんはそんな生活を続けてきたのでした。

ところが隣家が建て直したことで生活が一変したのです。最初は、こんなに気持のいい日にどうして窓を閉め切っているのだろうと不思議に思いましたが、話を聞いて合点がいきました。

「最近、ビニールや接着剤のような臭いが入ってくるので窓を開けていられないんです……」

と言うのです。

「これまでこんなことはなかったのに……それに夜中じゅうソヨソヨと音がしてるんです」

老夫婦には何の音やら判らないようでしたが、私にはすぐに判りました。窓先からすぐのところに隣家の24時間機械換気の排気口が見えました。真新しいハウスメーカー住宅――24時間の機械換気を義務付けられたこの家からは、終日室内の汚れた空気が換気ファンを通じて各所から排出されているのです。

長閑とはいえ都内の住宅地のことです。建て替わってからは隣棟《りんとう》間隔も狭まり、「これじゃあたまらないな」と思いました。

Nさんはこの年になって突然シックハウス症候群にかかりそうだと言います。どうにかしてほしいと隣家に申し入れても梨《なし》の礫《つぶて》だそうです。

自分の家のことだけならこれでもいいでしょう。しかし都市近郊の住宅地ならだいたい三方に家があるのです。窓先でそれぞれに汚れた空気を排出し合ったら、窓を開けていられない家が続出することになるでしょう。

事は法律による義務付けが引き起こしているのです。付けなければ違法建築となって、融資すら受けられないケースも出てきます。こんな事態を見るにつけ、国の法として立案検討した委員達は、こんな予測も立てられないまま法を成立させてしまったのか、と溜息が出るのです。

その③　寒くていられない

私は年のほぼ半分を信州八ヶ岳の山中で暮らしています。冬期にはマイナス20度以下になる日もめずらしくありません。そんな中で、こんな話を耳にするようになりました。

「あの24時間換気……給気口の近くなんか、冬は寒くていられないよォ……」

換気が有効に働くには、排気口と給気口がバランスよく配置されていなければなりません。多くの人は、換気扇さえ回しておけば室内の空気は出ていくものだと思っているようですが、出る分だけどこかから入ってこなければ、換気は為されません。排気と給気で換気なのです。

厳寒の山中にあっても、国の法律ですから中央と全く同じ基準が適用されることになります。地元で仕事をしている設計者は笑いながらこう言いました。

「そのことを確認申請時に役人に言ったら、ON・OFFのスイッチは付けていいですよ……なんて言うんですよね……」

何のための24時間換気の義務付けなのか。地元役人は事情が判っているから、せめてそう言うのです。住民は、そんなこと言われる前に給気口を塞いだりしています。そもそも山中で24時間換気をしようという変わり者もいないというものです。信州の山中はおろか、北海道、あるいは屋久島においても事情は同じなのです。

その④　長時間停電になったらどうするの？

長時間の停電などめったにない、というのは都市生活者の感覚で、私の山小屋などでは長時間停電は全くめずらしいことではありません。落雷、台風――先日も樹木伐採中に電線に樹が倒れて、6、7時間の停電があったばかりです。

東日本大震災の時は、直接の被災地だけでなく、私の故郷、秋田でも数日の停電が続きました。こうした場合、高気密で24時間機械換気に頼っている家は、窓を開けて回らないと家族みんなが酸欠状態に陥ることになります。我々は酸素を吸い、二酸化炭素を吐いて、時にはおならもする生き物なのですから、窓を閉め切っていても適度のスキマは必要なのです。スキマ、というとすぐスースーする昔の木造住宅を連想する人が多いのですが、人間生活を健康に保つために適度のスキマを確保することと、寒くていられないようなスキマ風が入ってくることとは全く違います。

住宅において機械は頼るものではなく補助として使われるべきもの――まずは自然の原理に沿った建築的な創意工夫を怠らず、できることなら暮らし方にも工夫をこらして、それでも不足のところを機械が補う――真に低炭素社会、省エネ社会、クリーン社会を望むのならば、我々の住宅も生活もそういう方向に向かわなくてはならないのです。

我々も呼吸して生きている生き物であるからには、〝人間の棲《す》みか〟という原点に立ち返って、次の2点を法律に取り入れる必要があるのです。

・第一に、健康に害を与えるような素材・建材は、住宅には使わないこと（この原則を家具等

にまで徹底させる）

・第二に、健康上必要な自然換気回数はどの程度であるか、それを確保するための建築的方策はいかなるものであるかを、アルミサッシ・メーカーは緊急に策定すること

そのうえで、現行の24時間機械換気設備の義務付けは本当に必要なものなのかを改めて問い直すべきなのです。

流行を追っても、見えてこない

外断熱ブームにモノ申す

高気密・高断熱ブームが一段落したと思ったら、今度は「外断熱」ブームです。松井修三さんの本『「いい家」が欲しい。』（創英社）が火種となったようですが、一時は外断熱でなければ断熱にあらず、といった騒ぎでした。書いた松井さん自身も、こんなブームになるとは思わなかったに違いありません。きっとキャッチコピーが効いたのでしょう。

「建ててしまった人は読まないでください。ショックを受けますから。」

こう書かれて、すでに家を建ててしまった人のどれほど多くが読んだことでしょう。

外断熱というのは床、外周壁、屋根すべてを外側からぐるりと断熱材で囲むものですから、断熱性能という一点で見る限りは原理的に優れています。

この断熱方法は今に始まったことではなく、寒い北欧などではかなり前から一般的に見られるものでした。耳慣れない日本では、新しい断熱構法のように受け取られてブームになったのです。「建ててしまった人は読まないでください」。このコピーが「外断熱でなければ欠陥住宅」のような印象を人々に与えたのでしょう。もしそうなら、日本の古民家、古商家、数寄屋建築等すべての伝統木造が欠陥住宅となってしまいます。

住まい塾が東京本部としている建物などは、築200年を超えた江戸時代の商家ですから、外断熱どころの騒ぎではありません。

我々が入ってから床暖房を入れたりして居住性を向上させていますが、2階に至っては江戸時代のまま――いまだに雨戸と障子だけでガラス戸というものがありません。それでも住宅の格と品位において、昨今の高断熱・高気密住宅などとは較べようもないものです。

住まい塾がこれまで残してきた700棟の住宅にも、外断熱構法は採用してはいません。それは我々の採ってきた建築構法や住宅のスタイルは、外断熱では成立しがたいものだからです。外断熱の採用は、建築構法にも、造形にも、自ずと制約を与えるものなのです。

例えば、住まい塾の住宅に基本的に見られる十数本の太い通し柱《とおばしら》で骨組が構成されるような住宅にはこの外断熱はなじみが悪いし、しばしば見られる通し柱を外に出すタイプには外断熱は採用できません。

2003年に秋田市内に建てた禅寺の位牌堂及び客殿――こちらは法的な規制もあって鉄筋コンクリート造にせざるを得ませんでしたが――では外断熱を採用しました。即ち、外断熱を採用すべきかどうかは適材適所、ケースバイケースだということです。

最近、本屋さんで『外断熱住宅はもう古い！』という本を見つけました。『「外断熱」が危ない！』、こちらも大反響なのだそうです。いずれにせよ、少々騒ぎ過ぎです。「家はやっぱり漆喰だ」のような内容の本にも同様のことがいえます。漆喰は数ある左官材の一つに過ぎないのに、なぜこれほど関心を集めるのか。もっと自分の感覚を解放して、家というものに対してバランスのとれた自由な関心を持ちたいものです。

こうしたブームや流行に世の中がグラグラ揺れるのは、おそらく、棲《す》みかとしての核心部分を満たす住宅が、日本にはあまりにも少ないからだろうと思われます。住宅の本質、肝心のところを捉えないから、ごく一部の問題を取り上げて右往左往してしまうのです。

自分の身体感覚に確信のないところでは、迷いをなくすはずの知識も、知れば知るほど迷いを広げる方向に働いてしまうのです。

ミサワホームの三澤千代治さんは、かつて高気密・高断熱ブームに沸いていた頃、雑誌の対談で「高気密・高断熱住宅ってのも、人間にとって本当にいいものかどうか、わかりませんよ」と語っていました。ミサワホームだってやっていたに違いないのですが、それでもこんなことが言えるとはえらい人だと思いました。何をするにも、これくらいの余裕がなければなりません。

バリアフリーも反省期

元気な30代の夫婦から、「我々もいずれ年を取りますから、バリアフリーでお願いします……」などと言われることがあります。人間は誰でも年を取っていきますが、改めてこう言われると、考えさせられてしまいます。考え過ぎると、全世界、全家族がバリアフリー住宅にしなければならなくなります。家は寿命の長いものですから、世代交代もあるでしょうし、高齢となった人ばかりが住む訳でもありません。

高齢化社会を迎えている今日、極力自立して生活していきたいという希望に、どのような住宅をもって応えていくか。その回答の一つがバリアフリーなのですが、段差をなくし、車椅子になっても困らぬように、手摺をつけて、果てはホームエレベーター――というのは、一見、老人への優しい配慮のように見えますが、ちょっと一面的過ぎやしないかと思います。

すでに身体に不自由を感じている人もいますし、近い将来そうなることを考慮しておかなければばならない人もいます。また、苦労した親の姿を自分の将来に重ねて、家はやっぱりバリアフリーに、と望む人もいます。ケースバイケースで具体化すればいいのですが、一方で〝人間は保護すればするほど生物的に弱くなる〟という原則も考慮しておかなければなりません。

段差があって「よいしょ、こらしょ」と大変だった農家をバリアフリー住宅に建て替えた途端、「婆さんの足腰が急にダメになりました」、あるいは「外で躓《つまず》いて転ぶようになりました」といった指摘がなされるようになりました。事前の保護策を考える一方で、こうした指摘にも耳を傾けなければなりません。昔の爺さん、婆さんはそれこそ〝バリアフル住宅〟に住んで、それ故に元気が保てていたという側面だってある訳です。

私の母などは、膝が痛いの、腰が痛いのと言いながら、どうやって持ち上げたのか、重い座卓を一人で2階に運び上げたりして、周囲の者をびっくりさせたものです。火元が不如意になり、最後は老後施設に入って94歳で亡くなりましたが、それでも家をバリアフリーにしておけばよかったとは思いません。私の母の場合ですが、バリアフリーならまだまだ家で過ごせたかというと、そうとも思えないのです。この思いは最後まで面倒をみてくれた姉も同様の印象だそうです。

高齢者が暮らす家に何棟も携わってきましたが、老いても生き生きと暮らせる家は、バリアフリーといったハード面だけで成立するものではありません。すでに身体に不自由を抱えている場合は対策が必要ですが、どうなるか判らぬことを心配し過ぎるより、日々の生活を存分に楽しめる家の方がはるかにいい――バリアフリー問題は、こんな考えでいいのではないかと思います。

梅雨に除湿、冬に加湿は当たり前？

梅雨には除湿器、乾燥期には加湿器を使うのが当たり前のようになりました。どうして当たり前になったのでしょう。

加湿の方は何となく判るのです。かつて生活の中には、火鉢やストーブの上で薬缶《やかん》がシュンシュンと音を立てている光景が普通にありましたから。そんな生活がなくなるにつれ、加湿器を必要とするようになった。しかし除湿の方は、それに代わるものがあったとは思えないのです。

私の母は、毎日のように除雪に追われる冬の一人暮らしが困難となり、慣れ親しんだ家を離れて、雪の少ない秋田市内の姉宅の近くに引っ越しました。

最初の梅雨時に、母は不思議そうにこんなことを言うのです。

「箪笥の引出しがみんな開かない……50年以上も使ってきて、こんなことははじめてだ」

私には原因がすぐに判りました。その仮住まいは床も天井も、木には見えてもハリモノ。壁は左官に見えてもビニールクロス、和室の壁は合成樹脂系の左官材――どれも調湿機能を持たない建材ばかり。建築そのものが湿気を吸ったり、吐いたりする機能を全く持っていなかったのです。

家の中で湿気を吸ってくれるのは、母が持ち込んだ古い箪笥くらいしかないのですから、これらが湿気を吸って膨らんでしまったのです。それから数年後に越した先は古い家でしたから、使っている素材にごまかしがなく、再びこのような現象が起きることはありませんでした。

木造住宅は本来、調湿機能に優れているものです。それが、乾いた建材による乾式構法（128頁）が主流となって、ことごとくと言っていいほどこの調湿機能を失ってしまったのです。建物が調湿機能を失うと結露やカビの発生原因ともなりますから、こういう家では梅雨時に除湿器は欠かせなくなるのです。

母は期せずして桐の簞笥でそんな経験をしましたが、家も家具もほとんど調湿しないものに囲まれて生活していると、こんなことに気付く機会すらありません。

アルミサッシは結露しやすい、と考えている人も大勢です。木製建具に較べれば結露しやすいことは確かですが、これをアルミサッシのせいにばかりしてはアルミが気の毒というものです。他に水分を吸ってくれるところがないのですから、余った水分はアルミサッシのフレーム及びガラス面に結露するしかないのです（今は断熱サッシが増えましたから、こうした現象は少なくなりましたが）。防カビ、抗菌建材が出回るのもこうした問題と軌を一にしていると私には思えます。

素材の選定を厳しく過たず、採光・通風・換気の建築上の工夫を怠らないこと――まずは住宅そのものを健康なものにすることこそが先決なのです。

第七章　メンテナンスの大切さと保証制度

手入れ簡単、味わい深く……はムリ

一般に湿式構法の家は使われる素材の性格上、年月とともに味わいを増すといわれます。しかしそれは適度のメンテナンス（手入れ）があってのことで、使い方がひどかったり、建てた後のメンテナンスがほとんど為されていなければそうはいきません。

頻繁に雨に打たれる露台やデッキ、ベランダ等はなおさらです。外と内とを繋ぐせっかくのデッキやベランダが、埃だらけで塗装もされず、死にかけている例をしばしば目にします。

メンテナンス・フリーが歓迎される時代になりましたが、暮らしの充実感という観点から見ると、見直す必要があるように思います。「手入れ」と「味わい」は明らかに表裏の関係にあって、これが「愛着」と密接に結びついています。手はかからないに越したことはありませんが、家には生活を楽しみながら適度に手をかけて育て上げていく面があります。手をかけるほどいいというものではありませんが、〝手入れ簡単、味わい深く〟はムリなことと知るべきです。

これまで住まい塾で家を建てた方々を振り返ってみると、苦労してつくった家を生かして住生活を楽しんでいる人達は、概して手入れをよくしています。ですから、その家は年を経るにつれて味わいを深めています。生かして使われてこそ、家は生きてくる――人と家がともに生き、ともに成長してきた実感があるのです。

何年目に、どこをどう手入れするか

本物の素材でできた家は、手入れしたらその分、味わいや長寿命化といった形でしっかり応えてくれるものです。

屋根は、瓦や天然スレート、銅板などの長寿命のものを除いて、金属の場合は定期的な塗装が必要になりますし、外部木部も同様です。外壁については塗り重ねる場合もありますが、住まい塾の例でいえば、性能上の理由よりも、「もう一度きれいにしたい」といった外観上の理由による場合が多いようです。「汚れも味わいのうち」と考える人は、外壁の定期的な塗り直しは不要と考えていいのです。

完成後のメンテナンスを何年目に、どこを、どうするかは、雪国や雨の多い地方、あるいは台風にしばしば見舞われる地域等、気候・風土の条件によって違うので一律には言えませんが、ここでは、一般的な基準を挙げておこうと思います（章末「住まいの保守・お手入れチェックリスト」参照）。

住まい塾の定期点検制度

かねてより建設業界は、最もメンテナンス対応の悪い業界と言われ続けてきました。住まい塾も例外ではなく、初期はこの体質との闘いでした。

「頼んでも、来るのは返事ばかりで、人が来ない」「できるだけ早く行きますと言ったきり、あれからすでに1年経過」「見には来たが、それっきり」、最後にはシビレも切れて、「来ると言っても、もう来てほしくない！」。こんなことがよく起きました。

業界全体がこんな調子でしたから生きていられるようなものの、他の業界でこんな調子ならとっくに潰れているとさえ思われたものです。

住まい塾には活動初期からのスタッフが多くいますから、メンテナンス・サービスの非迅速性と非確実性に、多くの者が閉口した経験を持っています。もちろん一部にはしっかりした施工業者もいますし、現在では全体にかなり改善されていますが、初期に家をつくられた方々には、メンテナンスにおいて心理的にも迷惑をかけてしまったことが少なくありませんでした。

こうした背景もあって、住まい塾では２００２年に、完成引渡し後1年目・3年目に担当施工業者の工事監督と担当設計助手が一緒にうかがう無料点検を制度化しました。これによって住み手には、確実にチェックを受けられるという安心感が生まれ、かつ緊急の問題を除いて、点検の時まで気になることをノートに書き留めておけばいいようになりました。

一方、施工業者にはその都度出向くという煩雑さと心理的な負担が軽減し、まとめてメンテナンス対応ができる副次的なメリットも生じました。

さらに5年後の2007年には、有料の申込制ですが、10年点検を制度化しました。これらの点検制度から上がってくる報告書を分析し、設計・施工の両面の改善に反映させるようにしています。こうした改善の積み重ねによって、メンテナンスの必要性そのものが減少したのと同時に、メンテナンス対応の迅速性と確実性も以前よりかなり改善されてきました。

メンテナンスは無償か有償か

家を建てる時に結ばれる工事契約は、建主・施工業者・設計者の三者で交わします。建主は家の依頼者、施工業者は一般には工事を行う建設会社や工務店を指します。ここにおける設計者の役割は、工事監理、即ち設計の意図通りに工事が進められているかを確認することです。

工事契約書ですから当然、瑕疵《かし》保証の項も設けられています。しかし一般に使われている工事契約書の中に、保証の内容や項目が具体的かつ詳細に書かれている訳ではありませんから、運用の際に問題が生じやすいのです。

特にはっきりしなかったのがメンテナンスに関する有料・無料の判断基準です。相手により判断基準がまちまちだったり、時に情がらみとなったりして、そんな状態が長い間慣習として続いてきたのです。

こうした状況を背景に、民間に住宅の「10年保証制度」というものができました。これは今調べても出てこないので、存続しているものかどうか不明ですが、保証内容がかなり細かく明文化されて、従来の慣習的な保証よりはるかに具体的かつ明快になったとして評価されたものでした。しかしこの制度は任意に入る有料保険でしたから、この保険に加入した人は全体からすれば微々たるものだったと思います。

住まい塾では、活動の初期からこの10年保証制度の基準に準じた工事保証を採用し、有料・無料を判断してきました。しかし、やってみて判ったのは、この10年保証制度の基準をもってしても、有料・無料の判断がつきにくいケースがしばしば出てくるということでした。住み手はいつでも無料でやってもらいたい、片や施工業者はいつでも有料の方がありがたい――。

こういうグレーゾーンに対応する保証制度がどうしても必要でした。そうでなければ必ずやトラブルが起きる。さらに10年保証制度における保証期間は最長10年ですが、実際には各項目ごとに定められた保証期間を過ぎてもドライに処理できないケースが出てきます。加えて、長い間には担当施工業者の廃業・倒産といったケースも出てくる。こういう場合、いったい誰がどう保証するのか。「お宅は不運でしたね」では道義的に済みませんし、住まい塾という同じ集団内でやっているのに大きな不公平を生じさせる訳にもいきません。

こうしてつくられたのが、住まい塾の「バックアップ支金制度」です。

この制度では、工事代金の一部を賛助会事務局に一定の割合でプールし、これをグレーゾーンのメンテナンス対応に当てるのです。また、廃業・倒産等で対応が困難となった場合には、賛助会の他のメンバーが引き継ぎ、「バックアップ支金」が運用される仕組になっています。これにより住まい塾で家を建てた人達は、完全とまではいかないまでも、公平にメンテナンスが受けられることになったのです。

国の瑕疵担保責任保険

国の瑕疵担保責任保険の制度は、大きな社会問題となった構造偽装事件に端を発して、これまで民間に任されていた瑕疵保証を補う形で国の法律として義務付けられ、２００９年10月に施行されたものです。

保険の対象となる範囲は、「一、構造耐力上主要な部分」と「二、雨水の浸入を防止する部分」。これを判りやすくいえば、骨組と雨漏りについて10年間保証しようというものです。事業者が倒産した場合には他の施工業者が肩代わりして適用されることになっていますが、国の制度とはいえスタートして日が浅いため、実際にどれだけ有効に働くのか判らない面があります。運用基準が硬直的過ぎる等の問題はありますが、大きな被害を防止するという意味で、社会制度としては前進かと思います。

ただ注意しなければならないのは、この制度によって10年間の瑕疵は「保証してもらえるから、もう大丈夫だ」と考えたりする人がいることです。

保証範囲はあくまでも前述の2項目に限られること、担当した施工業者が倒産した場合も同様です。このことをしっかり知っておく必要があります。それをあたかも民間の保証に代わるものと考えたり、住まい塾のバックアップ支金制度のようなものは不要になると見当違いな理解をしている人もいます。

住宅の瑕疵の実際はもっともっと広い範囲に及ぶものですから、国の制度に対する過度の期待は禁物です。

住まいの保守・お手入れチェックリスト①（外部仕上げ）

屋　根	鋼板葺き	・屋根にゴミや落葉がたまった状態で放置すると、水はけが悪くなり、雨漏りや錆の原因となりますので注意しましょう。 ・10年前後で塗装した方がよいでしょう。
	銅板葺き	・特に日常の手入れは必要ありませんが、台風などの後は、損傷がないか点検しましょう。
	瓦葺き	・特に日常の手入れは必要ありませんが、地震・台風の後は目視して、瓦のズレ等が見受けられれば、施工工務店に点検してもらいましょう。
	天然スレート葺き	・新築後、数年は割れることがあるため、差し替え用として余分に取っておく必要があります。 ・特に日常の手入れは必要ありませんが、地震・台風などでズレを生じることがありますので点検しましょう。
	雪止め	・降雪後、損傷がないか点検しましょう。
	樋	・樋にゴミ、落葉などがたまっていないか時々点検し、掃除をしましょう。 ・降雪後、損傷がないか点検しましょう。
外　壁	左官仕上げ	・乾燥収縮によるひびが入りやすく、完全に防止することは困難です。下地にアスファルトフェルトなどの防水層があるので、微細なひび割れ程度であれば心配いりません。大きな地震などの後には、大きな亀裂や剝離がないか時々点検しましょう。
木　部	板壁・破風・鼻隠し・柱など現し材・バルコニー・露台	・木部は、オイル塗装されています。オイル塗装は木材の持ち味を生かすものですが、塗膜を作らないため、日光や雨の当たる場所は色褪せが早く起こります。手の届く身近な場所は、1～2年周期で塗装しましょう。 ・木は濡れた状態が続くと腐りやすくなりますので、濡れてもすぐ乾く状態を保てるように注意しましょう。 ・外部の木部全体として、屋根塗装時等に再塗装した方がよいでしょう。
基　礎		・換気口周りは物を置かないようにしましょう（換気口をふさがないように）。 ・材木・薪を建物近くに置かないようにして下さい（シロアリ対策のため）。

住まいの保守・お手入れチェックリスト②（内部仕上げ）

天井・壁	木部	・季節によって乾燥収縮が起こり、反りや隙間が生じることがあります。木材の性質によるものですので、少々のことであれば心配いりません。 ・米松はヤニが出てきます(気になる場所はエチルアルコールで拭き取れます)。
	左官仕上げ	・左官材自体の乾燥収縮や壁内の間柱などの収縮によって壁にひびが入りやすく、完全に防止することは困難です。微細なひび程度であれば心配いりません。 ・汚れても拭き取ったり、水で洗ったりすることはできません(汚さないように注意しましょう)。
床	床板	・季節によって乾燥収縮が起こり、反りや隙間が生じることがあります。木材の性質によるものですので、少々のことであれば心配いりません。 ・日常の手入れは、からぶき又は堅く絞った雑巾で拭いて下さい(化学雑巾では拭かないで下さい)。
	畳	・畳表は3～5年で裏返し、5～10年で表替えをするのが目安です(化学雑巾では拭かないで下さい、油がつき黒くなります)。
水まわり	浴室	・入浴した後は換気を徹底するようにしましょう。 ・換気扇を使用する時は、必ず窓かドアを開けて下さい(空気の給気口がないと換気扇を回しても換気出来ません)。 ・汚れを放置しないことと乾燥させることが最大のカビ対策です(その上で除菌用アルコールをスプレーするのも効果があるようです)。
	厨房	油汚れはなるべく早めにふき取りましょう。スチームクリーナーを使用することで除去できます。

住まいの保守・お手入れチェックリスト③（建具）

鋼製建具	アルミサッシ	・建付けが悪くなった時は、戸車とクレセントを調整することによりスムーズにすることができます(メーカーの取扱説明書参照)。 ・戸車交換は10年位が目安です(施工工務店に相談して下さい)。
	トップライト	・㈱ベルックス社のトップライトは室内から外部のガラス部分を拭くことができるものもあります(メーカーの取扱説明書参照)。10年前後を目安に点検。パッキンの交換が必要な場合があります。
木製建具	木製建具全般	・木製建具は建具自身の木の収縮や建物側の木の収縮などにより、建付けが悪くなることがあります。特に、竣工後1年はよくおこります。 ＊1年目の定期点検で建具調整をします。 ・米松はヤニが出てきます。エチルアルコールで拭き取れます。 ・外部建具の木部は3～5年毎に塗装した方がよいでしょう。
	建具金物	・建具金物は柔らかい布でからぶきして下さい。汚れが落ちにくい場合は少量の中性洗剤を付けた布で汚れを落とし、その後、水拭きで洗剤を除去した後、からぶきして下さい。 ・金属磨きでは絶対に拭かないで下さい。メッキが剝がれてしまいます。 ・取付けネジに緩みが生じた場合は、ネジの締め付けを行って下さい。 ・緩んだままで、使用していますと、ドアの開閉に支障をきたし、破損の原因にもなります。レバーハンドルの緩みは、六角レンチで直せます。 ・金物の可動部分(蝶番・クレセントなど)には、時々油をさして下さい。 ・玄関などの鍵の出し入れがしにくくなった場合には、鉛筆の芯を粉状にして鍵にまぶすと滑らかになります。 ＊鍵穴に油をささないで下さい。
	障子	・障子紙は毎年貼りかえたほうがよいでしょう。
	襖	・襖紙は5年前後で貼りかえた方がよいでしょう (施工工務店に相談して下さい)。

住まいの保守・お手入れチェックリスト④（設備）

給 排 水	厨房・洗面所	・漏水していないか時々点検しましょう。
	浴室	・排水口は時々清掃しましょう。
	汚水ます・雨水ます	・時々点検し、清掃しましょう。
	浄化槽	・送風機の電源を切らないようにして下さい。
電　　気	照明器具	・ビーム球・リネストラランプを置いている電気店は少ないです(注文して取り寄せてもらって下さい)。 ・高所の電球取り替え用器具があります(電気店、又は《住まい塾》担当者に相談して下さい)。
	エアコン	・フィルターに埃が溜まると冷房効率が悪くなるだけでなく、冷媒管が結露します。冷媒管は天井や壁の中を通っていますので、室内に染み出ていくことになります。冷房シーズンはフィルターをまめに掃除しましょう。 ・エアコン室外機の前に障害物を置かないようにしましょう。 ・シーズン最初の使用時にドレン管から水が出るか確認して下さい(水が出ない場合詰まっている可能性がありますので施工工務店に連絡して下さい)。
床 暖 房		・床暖房をかけると床板がかなり乾燥します(急激に乾燥すると、ひどい反りや隙間が発生することもあります)。 ・新築後、初めての冬は、なるべく床暖房の設定温度を低くしましょう。 ・灯油が無くなって床暖房がつかなくなった時は、取扱説明書を参照して下さい。 ・不凍液の補充が必要な場合もありますので、数年毎にメーカーによる定期点検を受けた方がよいでしょう
換 気 口		・ベントキャップの網を時々掃除しましょう。
薪ストーブ		・注意事項は暖炉の欄又はメーカーの取扱説明書を参考にして下さい。

住まいの保守・お手入れチェックリスト⑤（その他）

ロートアイアン（アインズ施工）	門扉・ポスト・外灯など（屋外設置物）	・塗料が剥がれたのをそのままにしておくと錆びてきます（アインズより塗料を送付できます〈有料〉ので、錆がひどくならないうちに塗装しましょう）。 ・蝶番に時々油をさして下さい。
	暖炉	・火床に灰を5cm位の厚みで置くようにして下さい（熾火を長持ちさせます）。 ・燃やす木材は、「桜・くぬぎ・欅・樫・くるみ・樺」などの広葉樹がよく、「杉・檜・松」などの針葉樹は火持ちが悪く、火力もありませんし、パチパチと火が外に飛びます。特に「松」はヤニが含まれている為、タールや煤が煙突内に付着し煙突火災の一因となります（魚や肉などを焼いてもタールが付着しますので、避けて下さい）。 ・紙類を多量に燃やすと不完全燃焼の黒い灰が残ったり、火のついた紙が煙突から外部に出ることがあります。さらに、暖炉を焼却炉がわりにして、ダンボールやベニヤ板などを燃やすと温度が上がり過ぎて、暖炉の塗料がはがれます（塗装が必要な場合塗料をアインズより送付できます）。 ・ダンパー（空気調節弁）の開閉具合で室内の温かさが変わりますので調節して下さい。 ・風の強い時や風向が悪くて室内に風が逆流する時は、暖炉は使用しないで下さい。 ・煙突掃除は使用頻度と燃やす物によって差があります（3～20年）。煙突を外から叩くだけでも相当の灰が落ちます（煙突掃除に関しては施工工務店に相談して下さい）。
	ロウ仕上げの金物	錆が出た場合、植物性油で錆と共に拭き取って下さい。
造園	植栽	・植え付けて１～２年目の樹木は成長に必要な細根が未発達なため、１年を通して水やりする必要があります。特に７～９月の夏場はたっぷり与えるようにしましょう。 ・春から初秋にかけては、雑草が生長しやすい時期ですので、まめに草取りをしましょう。 ・庭木の種類によって適した剪定の時期や回数は異なりますが、花の咲く木は花芽の分化前に剪定を行うといいでしょう。

第八章　空間について考える

空間には性格がある

我々はしばしば「生活空間」とか「建築空間」といった言葉を使います。床・壁・天井に囲まれた何もないところ、空の間《くうま》――これを我々は「内部空間」と呼んでいます。しかし不思議なことに、この空の間にも性格がある。しかも住宅にとってはこれが究極の問題となるのです。そこに身を置き、その中で長く暮らすことになるからです。

人間にも相性があるように、住む人と空間にも相性があります。ですから、空間がどんな性格のものかは住む人にとって極めて重大な問題なのです。静かで、気持の安らぐ空間もあれば、逆に心落ち着かぬ空間、身の置きどころのない空間もある――しかし多くの人が空間のこうした性格が実用性以上に重要であることに気付いていません。

この空間の構想者たる設計者は、「空間」をどのように考えるのでしょうか。

間取りを考え、そのあと床をどう仕上げようか、この壁は何の材料にしようか、天井は――と考えて、結果そこに空間が出来上がるのでしょうか。おそらくもっと同時多発的なのではないかと思います。その芯となるのが「イメージ」であって、そのイメージの中に素材の選択、テクスチュア、そして灯りまでもが含まれていくのです。

論理的で分析的な組み立てとは逆に、総合的なイメージを追いかけながら設計が進んでいくのですから、出来上がった空間がある種の性格を帯びるのは、設計者にとってはごく自然なことです。

一方、庭を含めた家のたたずまいを「外部空間」といいます。そこにただ家があるというだけでなく、家とそれを取り巻く樹々や草花などを含めた環境は、何かを発散し、まわりに影響を与えていきます。アプローチの取り方、ポスト、夜ともなれば室内から漏れる灯りなども手伝って、その場の性格、その場の雰囲気が形成されていくのです。この外部空間の性格は、道往く人々へ、さらには街並みへとさまざまな形で影響を与えていくことになります。

豊かな空間とは

「豊かな空間」といわれても、具体的にどういうことを指すのかよく判らない、としばしば言われます。確かにこれは、言葉を尽くして語ってもなかなか理解できないものかもしれません。手で触ることもできなければ、肌で確認することもできない。ただただ身体の感覚で感じ取るしかないものなのですから。その感じ方も人によって千差万別とあっては、「豊かな空間とは何か」

などと大上段に構えても見えてこないに違いありません。

骨董を観る眼を養うには骨董に直に触れる以外に方法がないように、空間の豊かさが判るようになるには、やはりいい空間に直に身を置く経験を重ねていくしか方法はないように思います。

「建物」と「建築」

「建物が全て建築になるのではない。ある種の美と豊かさを兼ね備えた時、はじめて建物は建築と呼ばれ得るのだ」

私の記憶は曖昧で、これが誰の言葉であったかはっきりしませんが、そんなことを思い浮かべていた矢先、村野藤吾さん設計の「八ヶ岳美術館」で、建築評論家の長谷川堯《たかし》さんの話を聞く機会に恵まれました。そこで長谷川さんも同じことをおっしゃったので驚きました。

「今の建築はそのほとんどが BUILDING（建物）とは呼べても、ARCHITECTURE（建築）とは呼べないんじゃないか……」

この言葉を私は、最近の住宅も同じだ、と思いながら、「空間さえ豊かであれば、他に大したものは要らないよ。空間が貧しいというのは耐えがたいことだ。その分代わりのものがいろいろ欲しくなる」などとメモしながら聞いていました。

空間の貧しさが即、所有物の多さにつながっているとは思いませんが、それが日本の住居内のモノの多さの根本原因の一つになっていると考えても、そう的外れではないように感じます。

かつて住まい塾で家を建てた加藤和子・洋子さん姉妹は、住まい塾の定例勉強会「ＯＢと語る」の中で、「体も心も萎えた時、家の空間にとても癒されました」とおっしゃいました。

元々、極めてモノの少ない生活をされていた方達でしたが、それでも「この家に住んでさらにモノへの欲求が少なくなりました」とも話しておられました。余分なモノは要らない、という気分がさらに強くなったのでしょう。

「この家の中では、時間の流れ方が違う」「自分を取り戻せる空間（家）」、そして最後に「家は住む人間の思想の大きな表現だと思う」とおっしゃいました。

「豊かな空間」づくりは、住宅において〝身体の芯を充たす〟という意味で、もっと大事に考えられなければならないものです。

空間とともに育つ

空間のバランスは厳しく捉えれば、要素が一つ多くても、逆に一つ少なくても崩れるものです。調和のピークがあるのです。建築空間としてのバランスばかりでなく、構成要素の一つひとつ――例えば、建具１本においてすら、框《かまち》の寸法バランスやハンドル・引手・つまみの取り付け位置に破綻があれば、空間を大きく損なうことになります。こうした作用は、住んだ後の家具の配置、棚上の置き物、壁面に掛ける絵画、床の間の軸や花入れにまで及びます。大き過ぎたり、小さ過ぎたり、高過ぎたり低過ぎたりしては空間のバランスを損なうのです。

「そんなに気を張り詰めていられるか！」といわれそうですが、別段、張り詰めている必要はないのです。快適な空間とするには、常にそれを楽しんで、その中で自分の生活感覚を少しずつ磨いていくことが必要です。

気持が落ち着き、静かな気分になれる空間に育てていきたければ、多少は緊張感を持って生活することも必要――これが習慣化してくると、こうしたことが空間を楽しむことなのだ、とわかるようになります。

平面16坪の私の小さな山小屋には、本と食器とＣＤくらいしかありません。それでもここを訪れる人は「いいですねえ……」と言ってくれます。

いつでも緊張感を持って暮らすなんてことではありません。時々は自分の生活を省みて、気持に少しの張りを持って暮らすのは、かえって快いものです。

気になるところがあったら、どうすればもっと快いものになるか、置き物はちょっと多過ぎやしないか、この季節、この花入れにはどんな花を挿そうか、絵も軸もそろそろ替えようか、食事もおろそかにせず、素朴な中にも器との調和を考えて、自分なりに楽しむのです（図42）。

棚内の食器のレイアウトすら私は楽しんでいます。それもこれも職業上の訓練という気も多少

図42　八ヶ岳山房　居間　© 栗原宏光

はありますが、それによって私の生活感覚は少しずつ磨かれ、空間も私とともに育っていくのです。所かまわずモノを置き、モノに溢れ、絵も花も楽しむ気さえ起きないような空間は、気付いてみればストレスそのもの。本当はそんな状態を望んではいないのに、多忙の中で気付かぬようになってしまっているのです。

空間に魂が入る瞬間

建物に魂が入る瞬間があります。ある瞬間を捉えてスーッと入ってくる。それまで物体であったものが、突然、生き生きとしてくる瞬間です。内外の仕上げが終わり、木部がオイルで拭き上げられ、パッと灯りが灯る頃です。家の周囲に樹々や草花が入って建物と一体となっていくにつれて、その感はさらに深まっていきます。この瞬間を私は、「空間に魂が入る」「建物が命あるものとなる」と表現しています。

この生命を帯びた空間が住む人達に働きかけて、内面にまで影響を与えていきます。それはどこか自分の可能性を拓かれるような出会いの印象に似ています。こうした作用はどうして起きるのか。

それは何百年、何千年、いやそれ以上の想像も及ばぬほどの歳月を経てはじめて目の前に運ばれてきた木や、土や、石、金属といった素材達の、秘められた生命が一つの場で共鳴し合い、一つの音楽——即ち空間を成立させ得たところに生まれてくるのではないか——表現を変えれば、所を得た素材達の歓喜の声であるかもしれないのです。

しかし、この合唱が突如止む時があります。住む人がともに楽しむことを止め、ともに生きることを止めた時、空間の合唱も成長も一気に止むのです。

自然に産する素材から離れるにつれて、我々は〝素材の命〟ということを考えなくなりました。こうなると、創作が個人感覚のレベルで上滑りを始めるのです。素材の中に命を感じ取って、それと一体となっていくこと、そして作為を感じさせないところまで昇華せしめること。こういう日本文化の特質のようなもの、我々の体内に受け継がれてきた鉱脈までいったん沈んで、そこからモノづくりをするのでなければ、個人のレベルを超えた底力のあるものなど生まれようはずもありません。

美は最大の機能である

モノでも、便利機能でもない

便利であることを「機能的である」といいますが、この便利がいかほどのことであるかを少し考えてみようと思います。

我々の生活は便利化の一途をたどってきましたが、その裏で失ったものが多かったことにも気付かされます。自らの手でつくり出す能力の退化、身体機能そのものの退化、それと連動するかのような精神の退化・心の退化、即ち人間そのものの退化。

住宅の仕事をしているから余計にそう感じるのかもしれませんが、住生活において人間を充実させるのは、あり余るモノでも、際限なき便利機能でもなく、何よりも身を置く空間そのものの豊かさです。

かつて住まい塾で家をつくった方から、こんな手紙を戴きました。

「私は今、リビングに座りながら静かに庭を眺めています。……なんと美しい……こうしているだけで幸せな気分です」

美しくあることを機能的であることとの対極にでもあるかのように考え、「美か、機能か」あるいは、「美か、用か」などといったりします。しかしそのように問うこと自体、私には奇妙なことに思われます。なぜならこの二つは十分共存し得るものであり、本来、共存していたものだからです。さらには、さまざまにある実用的な機能の中で「美は最大の機能である」とすら私には思えるのです。

このように言うと、「美によって実用を犠牲にするのか」と誤解されがちですが、美にまで昇華されない実用は機能としてまだ不十分だということなのです。

人類は古い時代から今日に至るまで、常に用を超えようとしてきました。工芸とか美術と呼ばれるはるか以前から、実用の中に美を求める情動を見て取ることができます。今日の住宅においても、生活においても、用を無視した美ではなく、用を超えて美に一体化していこうとする情動が我々には常に働いているのではないかと思うのです。

"Simplify"ということ

思いっ切りシンプルに……
本当にいいものを見せるのなら
虚飾は無用

太鼓奏者・林英哲さんのライブアルバム『風の宴』にある坂東玉三郎さんの言葉です。坂東さんはこのコンサートの構成に関わったのだそうです。「思いっ切りシンプルに……」。これは我々設計者に常に課せられている課題でもあります。「シンプルに……」という内的要求の前に、設計者はいつも真の力量を試されているのです。

私は自分のイメージをもっとシンプルなものにしたい、といつも望んでいます。しかし、経験を積めば積むほど知識と知恵が増え、小技も増える。一方には多岐にわたる建主の要望、経済的制約、これに法的規制やものわかりの悪い役人も加わる――こうしたごちゃごちゃの中で、虚飾を排し、シンプルに徹していくのは、そう簡単なことではありません。

昔から、Less is More. Simple is Best. と言われたり、日本語でも、「余分を排する」と言ったりするのは、いずれも無駄のない凝縮された美を指してのことでしょう。住宅においてもこういうことが言われ続けてきたのは、多くの要素のなかから余分を捨て、残されたエッセンスをもって纏め上げていく方が究極の目的である空間そのものの力が増す、と感じ取っていたからに違いありません。

「灯り」は「明かり」ではない

谷崎潤一郎の『陰翳礼讃』を持ち出すまでもなく、陰翳に対して繊細な感覚を持っていた日本人が、なぜかくも灯りに無神経になったのか。

陰翳について先進的であった日本が、照明についてはいまだ後進国だといわれるのは、戦後、明るさと経済効率に流れ、蛍光灯が出てからというもの、それが日本中の家々を席巻してしまった影響ではないかと思います。「日本のあかり博物館」などで日本の灯りの歴史を見るにつけ、灯りに対して繊細な感覚に恵まれていたことが偲ばれるのです。

明るさに対する人間の感覚は、照度（ルクス）だけでは到底計りきれないものです。しかも明るさに我々は割と無頓着ときている。同じ60Ｗで明るく感じる時もあれば薄暗く感じる時もあるのは、人間の感覚がかなり相対的なものであるからです。

山中での闇の暗さに慣れた目には蛍のような明るさでも字が読めるほどに感じられますが、煌々《こうこう》たる外灯の明るさに慣れた都市の目には、１００Ｗの明るさでも暗く感じられるものです。それに同じ部屋でも床や壁・天井、さらにはカーテンの素材や色調によっても、明るさは大きく影響を受けるのです。

夜、帰宅すると、我々はまず玄関回りの外灯を目にします。鍵を開け、扉を開けて、玄関から居間へと進んでいく。この時、最初に目にする玄関の外灯を明るくし過ぎては、玄関に足を踏み入れた途端に「何だか薄暗い家だなあ……」と感じてしまいます。玄関としてほどよい明るさが保たれていてもです。

玄関内の照明も、同じくバランスを欠いて明るくし過ぎると、今度は居間、台所、個室すべてが薄暗く感じるようになります。明るさの音楽的構成、灯りの連続性とバランスが大切だというのはこういうことなのです。こうした感覚は経験の積み重ねによってこそ育んでいけるものです。

もう一つ気を付けなければならないのが光の性質です。白熱灯を点けている部屋があるかと思えばリビングには蛍光灯がぶら下がっている――こういう状態が調和を欠いていることはすぐに判りそうなものですが、平気で生活している人は案外多いものです。

光源には白熱灯、蛍光灯、それにハロゲン――最近はLEDが主流になりつつありますが――等、それぞれ光の性質が違います。シェードについても同様です。一口にガラスグローブといっても艶あり、艶消し、乳白色ガラス、磨りガラスといろいろですし、それによっても光の性質は違ってきます。この統一感がとれないと、家が照明器具の展示場のようになってしまいます。

これまで住まい塾では白熱灯を中心に使ってきました。今のところLEDは光の拡散性において、また光の性質において白熱灯に及ばず、全体をLEDに切り替えるまでには至っていません。なんといっても白熱灯には捨てがたい灯りの暖かみがあるのです。

一時、白熱灯はまもなく社会から姿を消すような噂がありましたが、白熱灯のファンは多く、その根強さ故に社会から姿を消すようなことにはならないようです。

しかし、白熱灯照明器具の生産は年々少なくなっています。LED光源を白熱電球色に限りなく近づけようとする努力が重ねられていますが、熱の発散が少ないこともあってグローブがガラスからプラスチックに変わったりと、使う側からすれば今ひとつ馴染めないものがあります。住まい塾は同じこだわりを持った製作者達と連携していく道を模索し始めています。

竣工時に電球をつけかえる訳

照明器具をカタログから選んで、それを配置することを照明計画だと思い込んでいる人がいます。本来、照明計画は灯りの計画であって、照明器具の配置計画ではありません。ですから、竣工検査時、夕刻になって照明を点けると、電球をかなりの数交換することになります。なぜなら照明器具に付いている電球の明るさは、必ずしもその場にふさわしいものではないからです。

音にもピアニッシモからフォルテッシモまであるように、灯りにも明暗の強弱が必要です。ダウンライトやコードペンダント、ブラケット、シーリングライト及びスタンドといったさまざまなタイプの灯りの配置には、音楽的な流れが感じられるようでなければなりません。

建築と一体となって自然なハーモニーが奏でられるように——それ故、全体のイメージがないまま「ワタシこの照明器具が好き！」式で選んでいくと失敗するのです。

日々の生活の中でもっと灯りを楽しんでみること、明るさのバランスと光の性質に気を配ってみること——こうした小さな経験の積み重ねが、新しい家をつくり、新しい生活を始める際のよき訓練になるというものです。

第九章　なぜ家をつくるのか

住宅を問うことは、生活を問うこと

何のための家づくり？

住まい塾は〝家づくり〟を中心に活動してきましたが、一方で、できた家を多くの人が生かせていない現実をも突き付けられてきました。

そして次第に、「何のために家をつくるのだろう……」と考えるようになったのです。

家を建てる、あるいは建て替える動機はさまざまです。ある人は「家はその人の人格の表現である」と言い、ある人は「これが最後の経験だから、家は本質的でありたい……これまでどこか間に合わせで生きてきたのが嫌になりました……」と言いました。

家をつくる目的を、私は豊かな住生活への足がかりとして考えてきました。モノとしての住宅が欲しいのではない。財産としてでも、虚栄を満たすためでもない――表面上そのように見えても、その奥に必ずもっと深い動機がある――と。

しかし、慌ただしい家づくりの中では、そんなことを問うこともなければ、問われることもなく、表層の思惑だけでそそくさと家ができてしまう。ここに〝器変われど、中味変わらず〟の状況が生まれてくるのではないかと思うのです。

家づくりは多額の費用を要します。生涯をかけてローンを払い続ける人もめずらしくありません。そんな大きな犠牲を払ってまで得たいものとはいったい何なのか？　私は皆さんに改めて問いたいのです。住生活に豊かさを実現しようと思わないのなら、こんな大きな犠牲を払ってまで家をつくる必要はないんじゃないか？　と。

家を住生活のさらなる豊かさのためにつくる、とは言っても、その豊かさは、器たる家を得ただけで成り立つものではありません。中味たる生活の質的な改善と、その積み重ねが必要とされるのです。この二つがあいまって、はじめて住生活の豊かさはもたらされる――このことを我々はザワザワとした日常生活の中で忘れてしまうのです。

「忙しく働いて、家はだいたい寝に帰るところ。豊かな生活なんて……」。こんなことを言う人は少なくありません。一定年齢になって、経済的にもやっと自分の家を持てるようになってくる――定例の勉強会で、次のように述べた人がいました。

「豊かな住生活ができていないのは偏《ひとえ》に生活者に責任があるというけれど、そんなことを考える時間的余裕も、精神的余裕もないのが現実……」

きっとその通りでしょう。しかし誰の責任かはともかく、そのような生活をしているのも、それを変え得るのも自分です。家をつくろう、つくり替えようと思い立つ人の心には、これまでの生活を変えたいという思いが、どこかに潜んでいるはずなのです。

自分でいいとも思えない生活を続けざるを得ないのはこの家のせいだ、器のせいだ、家をつくり替えれば生活の質が変わると安易に考えているうちは、決して自分らしいいい生活はやって来ないだろうと思います。

安アパートでもいい生活ができるようでなければ、器たる家が変わっても同じこと。センスが磨かれていけば安普請の家でもそれなりの生活はできるものです。

「つくった甲斐がねえなあ……」

仕事仲間に長年にわたって買い集めた銘木で家をつくった人がいます。さすがに設計を私に頼みはしませんでしたが、竣工後、招かれて行った私は「これじゃあ、家というより銘木の展示場だねぇ……」と言ってやりました。彼の方もそう言われるのは端《はな》っから判っていますから笑っていました。

金をかけ、銘木だらけにしてもいい家になる訳ではないことくらい判っているはずなのに、それでもやってみたいとは、人間とは不思議なものです。

こんなこともありました。大工棟梁が担当した家を久々に訪ねての感想です。

「あんなに汚くして、よくもまあ病気にならないもんだ！」

そして、思わずこう漏らしました。

「あれじゃあ、家をつくった甲斐がねえなあ……」

差し出がましいことは言いたくありませんが、嘆かわしいほどの生活振りでは、家もお金も人も泣く、というものです。

大事なのは「住む人の安らぎ」

さまざまな設備機能を家に盛り込むことも楽しさの一つかもしれません。しかしゆるがせにできない家の第一の本質は〝精神的に安らぐこと〟だと私は思います。日常的な言葉でいえば〝家に帰ってほっとする〟〝心が落ち着く〟〝慰められる〟といったことです。

それは住宅そのものの素材や形、樹々・草花との調和、樹間から漏れる灯りといった要素が総合されて生まれてくるもの――一言で表現するなら〝空間の質〟です。近代的設備や機械は時とともに旧式になりますが、住む人が損ないさえしなければ、家は決して古びることなく、味わい深くなっていくものです。

私がいまだに使っているテレビは昭和54年型26インチのブラウン管式。当時としてはタッチボタンも新しかったし、ブラウン管サイズも大きく最新式だったものが、今や最古になりつつあります。新しがっても所詮こんなもの。最新といってもいずれ古くなるのです。

一方、生涯にわたって我々を支える空間は、常に我々とともにあり、暮らす者に多大な影響を及ぼし続けるものです。これを大切にし、ともに生き、ともに成長するという姿勢を欠くならば、大金を叩《はた》いて出来上がった家も、その期待には十分に応え得ないでしょう。

大工棟梁がつぶやいた如く、「つくった甲斐がねえなあ……」ということになりかねないのです。

貧しさの原因は生活にある

りっぱな家をつくり、りっぱな台所をつくっても、掃除はしない、料理もさっぱりせずに外食――そんな人を時々見かけます。

住宅の問題は建物の問題だと多くの人が考えていますが、実は生活の問題なのです。

住宅が貧困だということは、生活のあり方に問題があるということであり、我々がこれまでの生活を見直さない限り、住宅は真の意味で改善を見ない、と捉え直さなければなりません。日常生活のあり方が、貧しい住宅・貧しい空間を許容し、生み続けてきたのです。

しかし今日なお、「我が国の住宅の貧しさは建物にあり、器にあり」と思い続けられています。この「根本原因は自分の生活の中にこそある」という事実に気付かなければ、人は住宅を育てず、住宅も人を育てないという悪循環を断ち切ることは困難なのです。

悲しいかな日本人は今、完璧なまでに〝人間と住宅との健全な関係〟を築き得ないまま、彷徨《さまよ》っています。多くの人達にはこの内面の囁きが聞こえているはずなのです。そうでなければどうして理想の家を求めてあちこち探し回るのでしょうか。

家探しには心の故郷探しのようなところがあります。しかし多くの人達が、この故郷を探し当てられないまま家をつくるのです。なぜなら、探しても探しても現代にはそんな家があまりにも少ないからです。ビニールと、贋《にせ》（似非《えせ》）素材で固められた家に、我々は心の故郷を見ないのです。

家と生活は暮らしの両輪

住宅をつくり替える真の目的が生活をつくり替えることにあるならば、建てた後の生活にほとんど変化が見られない家づくりに何千万円、時には億を超えるお金を注ぎ込む価値がどこにあるのでしょうか？

〝いい生活空間がイメージできない〟というのは、暮らし方のセンス・生活感覚の問題と密接に関係しています。これは住まい塾を始めた当初から35年経った今も大きな問題であり続けています。

問題が一向に改善を見ないのはなぜなのか？　それは生活センスというものは自分にしか変え

られないものなのに、それを自覚しないまま家さえよくなれば——と他力本願を続けてきたところに原因があるように思います。つまり、日々の生活の中でセンスを磨く具体的な努力を怠ってきたといえるのです。

これは住む人だけの問題ではありません。家づくりに関わる人々、つまり建主、設計者、施工業者——施工会社の社長以下、現場監督や職人達すべてにいえる問題です。生活者の視点で見た時、住宅に携わる人々の中に「いい生活をしているなあ」と思わせる人がどれだけいるか。

「花入れは、花を入れてこそ花入れ」などといわれますが、せっかくの花入れも、花を入れられて形なしになることもあると知らなければなりません。住宅だって同じです。生活を入れてこその住宅が、住宅に生活が入って万事休すってこともある。花入れならば花を挿し替えれば済みますが、生活はおいそれと差し替える訳にはいきません。生かし合う関係にあってこその人と家——家と生活はあくまでも暮らしの両輪であることをぜひ忘れないでほしいのです。

改めて私の山小屋のこと

簡素なつくりの私の山小屋は、建築的には余分なものが全くない単純なものですが、意外にもこれに感動する人が多いのです。

仕上材も床、壁、天井及び軒裏や外壁、それに建具の表面材に至るまですべてが同じ板、内・

外の左官材は同一——即ち仕上材はたった2種でできています。別荘をつくりたいという人の中には「ワタシモ、コレトオナジデイイデス！」などと言う人まで出るほどですが、いざとなると、あれも足りない、これも足りない、これじゃ不便だ……となって、同じようにできた人は一人もいません。

最近では、褒めてくれる人に言うのです。

「いいのは建物じゃあありません。私の暮らしぶりです！」

これは冗談ばかりでもないのです。

調和する椅子が決まるまで段ボールに座り続けて丸6年。広間の座卓は三代目、サイズを決めるのに型紙を切り、据える高さを1センチ刻みで検討し、さらに斜めに据えたレイアウト。絵の種類と掛ける位置、壺の種類や置き物の位置、そして灯り——。

挙げれば切りがないほど、神経を使って楽しんでいるのです。こういうところを見ないで「いいですねえ……この建物」とは何事ですか！

建物は最低グレードの木でつくった単なる箱のようなものですから、いい訳はないのです。しっかりした箱さえあれば、あとは自分で楽しみながら生活を創っていく——住宅はそれで十分なのです。生活を自分で創っていく気概と工夫のない人ほど、建物にたくさん求めるのです。なかでも最も不足し、最も欲しがらなきゃならないのは、暮らしを豊かに創り上げるための生活センスなのです。

「ワタシモ、コレトオナジデイイデス！」という人に、私の山小屋を差し上げたところで、山小屋は、私に対するのと全く違った表情を見せるに違いありません。

生活センスはその人固有のものですから、日々の小さな積み重ねを疎かにせず、一つひとつの選択・判断を成長の機会と捉えて、自分らしく、せいいっぱい楽しみながら生活を創り上げていくことが、何よりも大切だと思うのです。

モノに溢れた生活

「今度もすごいねえ……あれじゃ、納戸が新しい納戸に建て替わっただけじゃないの……」

先日訪ねた築後10年の家――モノで溢れ返り、人のためにつくったはずの空間がモノで占領され、その隙間に人間が棲息しているといった状態でした。「今度も」と言ったのは、建て直す前もひどかったからです。

10畳ほどのベッドルームに入って、唖然としました。「あのベッドにどうやってたどり着いているんだろう？」。モノとモノの間に爪先を突っ込み、突っ込み、最後は飛び込む？　そうでもしないとたどり着けない――。笑い事ではありません。

住み始めて数年で、ひどい人は引っ越した直後から足の踏み場もない家。注文の多い人ほど、概して片付かないのは今もって七不思議の一つです。

モノの整理が付けられないまま、平面プランはこうしよう、素材は自然素材を中心に、収納はできるだけ多くと言われても、インク消しにインク──のような印象がしてくるのです。

「モノの整理と住宅」を毎年末の勉強会の主要テーマにしてきたのは、35年間語り続けても、一向に改善されない課題だからです。

家にいてもどうもしっくりしない──どこか肩の荷が重く苛立つのは、モノの方がすでに苛立っていて、その苛立ちが乗り移ってくるからではないか──モノはやはり、いつでもスッと使える状態にしておくことが肝心のように思います。

『地球家族』に見る日本

アメリカのフォトジャーナリスト、ピーター・メンツェル氏によってまとめられた写真集『地球家族──世界30か国のふつうの暮らし』（TOTO出版）に掲載されている日本のふつうの家は、笑いの中にも衝撃的なものでした。

本の赤い帯には「申し訳ありませんが、家の中の物を全部、家の前に出して写真を撮らせてください」とある。国連と世界銀行の強力な支援があったとはいえ、よくもこんなプロジェクトに取り組む気になったものだと感心しながら眺めたものでした。

裏側の帯には、次のような一文が添えられていました。

高級車を4台ももつクウェート。1頭のロバしかもたず毎日40分かけて水をくみに行くアルバニア。自家用飛行機2台と4頭の馬をもち今日を楽しむアイスランド。2週間も食べられなくてもすべて神様が決めることというインド、生きていることが成功の印というグァテマラは驚くほど物が少ない。テレビも飛行機も見たことがなくても仏に守られているかのように静かに暮らすブータン。物質文明の先端で信仰生活になぐさめを得ているアメリカ。環境や人口といった地球がかかえる問題を考えると子供の未来が不安だというドイツ。物に溢れる日本。あなたの家は?

出版から二十数年経って大きく変貌した国もあるでしょうが、日本についていえば、モノに溢れた生活はほとんど変わっていません。

この写真集の日本を眺めながら、これだけのモノがよくこの家に納まっていたものだと驚いてしまいました。広さ132平方メートル、坪数にして40坪は決して狭くない家です。しかも年3、4回は別荘に行く、というところを見ると、別荘もお持ちなのでしょう。私が「笑いの中にも」と書いたのは、巻末での「今ほしいものは何?」という質問に「もっと大きい家」と答えているところです。家がもっと大きくなったら、いったいどんなことになるのか。

ちなみに世界で最も幸せな国といわれる〈ブータン〉の項を見たら、欲しいものは、「道路と電気」とありました。

そして〈自分達を豊かだと思うか、貧しいと思うか〉の質問には日本もブータンも、「平均的だと思う」と答えています。〈成功の印〉については、日本は「家をもつこと」。ブータンは「必ずしも成功しなくてもよい」です。おもしろいですね。

それぞれの国のデータに付された「写真家のノートから」がまた楽しいのです。

〈ブータン〉

新トイレ事情……ブータン保健機構？（正式名称は知らない）なる役所が、きちんとしたトイレを備え付けるよう指導を行っている。この家族でも新型トイレを1つ備え付けたが、まだだれも使ったことはない。

どうしてなんだろう。そういえば日本にも「洋便器？　あんなものじゃあ出るものも出ない！」って人がいたなあ。

どういう訳か〈日本〉の項にはこの「写真家のノートから」が付されていません。ちょっと書けない印象だったのかもしれないし、日本版を出すに当たって掲載するに憚られるようなものだったのかもしれません。
ただプロジェクトの発案者で、ディレクターでもあったピーター・メンツェル氏は、「あとがき」に次のように書いています。

……もし日本で（この）プロジェクトに協力してくれる家族を見つけられれば、世界中どこに行っても大丈夫だと思った。後で振り返ってみれば、わたしが撮影を担当した12家族の中で、日本での撮影がいちばん大変だった。ひとつには、人口の密集した東京で、一家の所有物をならべられる場所がなかなか見つからなかった……（※括弧内、著者）

なぜ、モノは増える？

私はだんだんモノを買わなくなりました。いいと思うものが少なくなったこともありますが、モノによって得られる充実感がどの程度のものか、自分なりにわかってきたからだと思います。
身体の芯の部分が充足しない、だからモノで補おうとする——これがモノが増えていく主な原因ではないか。何が不足しているかわからないからモノを買って満たそうとする、しかしなお満たされないからさらにモノを買う——結局、モノだけ増えて充足はやって来ない——この繰り返しになっているのではないか。この難問にどう対処したらいいのでしょう。

身体の芯を充たす——この問題を住宅だけで解決できるとはもちろん思いませんが、長く住宅に関わってきた者として、住宅に可能なことは何なのだろうかと考えるのです。

繰り返すようですが、住宅の究極の目的は、器たる建築空間の豊かさと、その中味たる生活の豊かさを実現することにあります。この二つを具体化していくことが我々の身体の芯に近い部分を満たすことに通じていくのだと私は思うのです。

骨董・古美術、工芸品を山ほど持っている人がいます。あんなに持ってどうするんだろうと思うのですが、生活に生かしている風でもなし。だから単なる所有に終わって、それがかえって新たな重荷となって精神の安定を欠くのです。大量の所有だけでは人間は決して豊かにはなれないものです。

人間には外側から満たし得るものと、内側からしか満たし得ないものがあります。これを私は住宅を通じて「器」と「生活」の関係に見いだそうとするのですが、内側の不足を外側からモノで補おうとしても、土台無理があります。

生活の本質を見極めて、自分らしく生き生きと暮らしている人達がいます。この人達は、外側から満たし得るものと、内側からしか満たし得ないものの違いをよく知っているのだと思います。

どうしていいか判らない？

整理・整頓・清掃のできない人が増えています。整理整頓不全症候群といった、いわば病の域に入るような人も増えていると聞きますが、多くの場合どうすればいいのかは自分で判っているはずです。

日々の生活を改善していくには、具体的な実践を重ねていくしかありません。心がその方向に向いていればヒントになる事柄も増えるでしょうし、人からのアドバイスも受け容れやすくなるはずです。

・部屋を埃だらけにしておくか、たまにはきれいに清掃するか？
・雑多なものをそのままにしておくか、片付けて一輪の花でも置こうか？
・汚れた窓ガラスをきれいに拭くか、拭かずにそのままにするか？
・床の間にタンスを置こうか、それとも軸か花を飾ろうか？
・置き場もないのに、これを買おうか、買うまいか？
・せっかく持っている絵や軸を、季節ごとに掛け替えようか、どうしようか？

自分に問うてみれば、すでに判っていることばかりです。あとは実践するだけ。判っていることを、判っているように実践するだけで、生活はどれほど改善されることでしょう。

建物を生かす、自分を生かす

「作物にも二つの生涯がある」

柳宗悦の『茶と美』（講談社学術文庫）に収められている「作物の後半生」には、次のようにあります。

作物にも二つの生涯がある。作られるまでの前半生と、作られてからの後半生と。作る者の手で育つ間と、その手を離れて使う者の手に渡ってからと、……

そして、

……器物の性質は、作られた時に、決定されてしまうのではない。さらに彼の後半生がその生活を決める。……誰が彼のよき育て手となるか……

と問うのです。この「育て手」に三人の力を挙げています。一人は見る者、一人は用いる者、一人は考える者……。この「用いる者」の項に柳さんはこう書かれています。

すべての人が眼を有《も》ちながら、よく物を見得ている者が少ないのと同じく、器物を使っている人々必ずしも使い得ている人々ではない。否、使う術を知らない人の方がいかに多いであろう。物を単に用いるというごときは、用いていないにも等しい。私のいう「用いる」とは用いこなすことをいうのである。……作物がいきいきした後半生を送り得るのは、よき使い主を有つか否かによって決定される……（※ルビ、著者）

住宅も大きな器であるに違いなく、ここに述べられていることと全く同様のことがいえるのです。せっかく家を建てながらその家が泣いているのは、建物にとっても、住み手にとっても幸せなことではありません。

建物にも魂があります。それが喜んでいるか否かは、じっと眺めてみれば、誰でも自分の胸で感じ取れるものです。余分なものがあまりに多いことにも気付くはずです。また、与えられているものをどれほど生かし得ているか、恵まれているものをどれだけ輝かしめているか、と自分の生活を新たな眼で省みることにもなるはずです。

テーブル一つ変われば……

「生き生きと楽しんで暮らすこと」は、どうすれば実現できるのでしょうか。

身近なことを思いつくままに挙げてみただけでも、一服の茶、花を楽しみ、香りを楽しむ。音楽、灯りを楽しみ、火をともに楽しむ――、一輪の花、静かな音楽、ほの暗い灯火――静寂の中に人はどれだけ慰めを発見することでしょう。

生活センスを磨くこと、整理能力や掃除能力を高めることも大きな楽しみのうちに入るでしょう。

テーブル一つ変えてみるだけでも、次のように楽しみの幅はぐんと広がるものです。

・器を変えたくなる
・灯りも変えたくなる
・一輪の花も置きたくなる
・たまには燭台、あるいはランプの灯りで食事をとってみたくなる
・テレビはやめて静かな音楽を聞きながら食事をしてみたくなる

このように、一つ変われば連鎖的に変わっていくものです。その微かな声は、いつも気もそぞろに忙《せわ》しない生活をしていては聞こえないのかもしれません。しかし、少し落ち着いてみれば、

その声は確実に聞こえるはずです。人間の心の中には限りなく夢があるのですから。

また、同じ家具でも、レイアウトを変えることによって生活空間は大きく影響を受けるものです。しかし建主の中には、建築に関しては素人でも感覚的にとても優れている人がいるものです。しかし通常は経験も訓練の機会も少ないので、その分迷いも多くなります。それでも、その人なりに〝あるべきものが、あるべきところに、あるべきように〟と気にかけていれば、調和は次第に感じ取れるようになるものだと思います。

人によって答えは違うかもしれませんが、それはそれでいいではありませんか。肝心なのは諦めず、ああでもない、こうでもない、と迷いを楽しんでいくこと――この積み重ねが我々の感覚を徐々に徐々に、しかし確実に成長させていくのです。

カーテン、家具選びについて

家が完成した後のカーテンや家具までは手出しをしない――これが住まい塾の初期の方針でした。我々が手や口を出したり、インテリアコーディネーターに頼んだりしては、ひとまず調和はとれても、それは生活者自身がつくり上げたものではない――即ち本物とは呼べない、と考えたのです。建主がよりよい生活をするための訓練と成長の機会を奪わないように――これが私の思いだったのです。

しかし、この思いは見事に挫折しました。一部屋ごとに全く調和しないカーテンがぶら下がる――花柄の部屋があったかと思うとピンクあり、キャラクターものありで、部屋のドアを開けるごとに腰を抜かしかねない騒ぎとなりました。これでは住宅に設計者を入れる必要など端《はな》からなかったのです。

家具にしても、広くもないリビングに溢れんばかりのどでかいソファーが入る――「象でも座らせるおつもりですか?」と思わず聞いたことさえあるほどです。その人は機転がきいて「小僧が座ります」と言いましたが。

その他、サイズが大き過ぎて、家具置き場のようになってしまったダイニングコーナー。それにテカテカのウレタン塗装などを施した、テイストの全く合わない家具等々――これは任せてばかりもおれないぞ、となったのです。

やがて、「いい空間には住みたいが、どうしていいか判らない。何かアドバイスが欲しい」と思っている人がかなり多いことが判ってきました。そんな過程を経て現在は、

・カーテン
・家具（オーダーも含む）

・照明（特にテーブルスタンド、フロアスタンド類）

などは建主と一緒に選ぶことが多くなりました。

カーテンは何冊もの分厚い見本帳から選ぶとなると大変ですから、10社ほどの見本帳から、我々の住宅に調和する生地を選んで独自の見本帳をつくり、その中から選ぶように提案しています。

ダイニングテーブルやチェアは、既製のものを探してもぴったりくるものがなかなか見つからないので、木工家につくってもらうことが多くなりました。また、その他の家具及びソファーは経験豊富な専門家にアドバイスを受けるようにしています。

生活感覚をどう磨くか

かつて我々は「茶の淹《い》れ方・出し方、菓子の出し方を見れば、いかほどの設計者かが判る」と言われたものです。私の師匠には「ラーメンの茹で方一つで設計者の力量が判る」とまで言われたものでしたが、冗談半分と思って笑いながら聞いていた話も、今ではなるほどと合点がいくようになりました。

〝日常が訓練場〟と考えている私は、普段、次のようなことを心掛けて生活しています。

・一輪の花、一枝の花を楽しみ
・壁面には絵を掛けて、そのバランスを楽しみ
・家具の選定、レイアウトを楽しみ
・灯りのバランスを楽しむ
・器の選択を楽しみ
・食器棚における食器のレイアウト、洗いカゴへのレイアウトすら楽しむ
・外の樹々や草花を眺めては楽しみ、苦しそうな枯木、枯枝は取ってやり
・行きつけのＪＡＺＺ喫茶で「こんなものを聴くようになっちゃあ人生お終いだよ」と言われながらもめげずに好きな音楽を聴き
・食事が餌にならないように器、盛り付け、色彩の調和に心を配り
・最近では茶の湯も楽しみ、器の扱い、食べ方、飲み方、箸の扱いにさらに気を配り
また、
・二、三の古美術屋さんでさまざまなものに触れさせてもらい
・応援したい店には行き、応援したくない店には行かない……
と、まあざっとこんな風です。むずかしいことは何もなし、考えてみればひたすら楽しんでい

るだけなのです。

「自分を躾ける」とは——設計者の無自覚

設計者の日常生活は、設計の中にヒョイと顔を出すものです。しっかり生活をしているかどうかは、すぐに判るのです。

キッチンの流しについて「これでは使いにくい」とクレームが付いたことがありました。シンクとガステーブルの間が狭過ぎて、確かに使いにくいのです。図面でチェックしているはずなのに、どうしてこうなったのか。

聞いてみると、工事途中に建主から食洗機を入れたいとの要望があり、納まり上このようにならざるを得なかった、とのことでした。

私は担当スタッフに「いくら要望に沿うとはいっても、これじゃあ使いにくい、とすぐに判りそうなものだけど……」と言いました。事実、クレームが付いたのですから。

「日頃、ちゃんと料理をつくっているのかねえ……」

私の怒りはここからなのです。

「ロクな生活をしていませんから……」

そのスタッフは冗談半分に言ったのかもしれません。

「バカヤロー！……人の家をつくる仕事してるってえのに、ロクな生活してません？……どういうことだ!!」

こうなると私の怒りは収まらないのです。褌《ふんどし》を締め直して出直して来いとまで言ったそうです。女性スタッフでしたから困惑したに違いありませんが、日々料理をちゃんとつくっていれば、こんなことには決してならないのです。

かつて「いい育ちでないと建築家にはなれない」と言われていた意味を、私は最近になってしばしば考えるのです。あれは何を言わんとしたものだったのか。差別的な思想だと簡単に片付けていいものだったのか。イメージを追いかけるのが仕事の建築家にとって、その底辺を支える〝生活のイメージをしっかり持てるかどうか〟、ここを問われていたんじゃないか、と思ったりするのです。

「いい育ち」などという言葉はちょっと時代錯誤な響きがありますが、ちゃんと育っているということは、やはり大切なことではないかと思います。核家族化が進んで昔のように家風だの、家庭の厳しい躾《しつけ》だのも儘《まま》ならない時代ですが、だからこそ、自覚を持って自分を躾ける生活をしていくことが必要だと思うのです。親も躾けない、自分も躾けないとなっては、誰がどう躾けるというのでしょうか。

〝生活感覚〟も同様です。いい育ちであれば、家庭環境や親の影響が生活感覚という面にも及びやすかったでしょう。しかし今は、そういう環境が圧倒的に少なくなったといえるのです。モノを観る眼とか、生活感覚といったものは一朝一夕にはできないものだけに、それを磨く場は日常生活をおいて他になしと自覚して生活することが必要なのです。

自分の感性で真剣に選ぶ

料理研究家（と呼ばれるのを御本人は嫌うかもしれませんが）の有元葉子さんは、ある所にこんな風に書いておいででした――その料理を、どんな時に、どんな食感で、どんな風に食べたいのか。つまり自分は何が好きか。それがあやふやでは、どうかげんすべきかが、わかるはずもありません。……これは食べることに限らず、着ること、住むこと、すべてについていえるでしょう。自分の感性で真剣に選ぶという行為を放棄すれば、センスやオリジナリティが磨かれるはずがありません。何かを選びとるときは「自分はこれが本当に好きか」とそのたびに自問自答するぐらいの真剣さがあっていい。（自分の）基準はそのうちに見えてきます――どこかの新聞紙上で読んだように記憶しますが、その時感じ入ってメモしたのです。

感性というものは数冊の本や雑誌を読んだくらいで途端に輝き出すというものではなく、常日頃の小さな積み重ねが大切なのだ――この辺の事情を有元さんは非常に端的な言葉で表現されていて、読んで感心させられたのです。

さすが日々実践されてきた方だけに、生活体験から生まれた言葉は歯切れがよく、スマートで、料理のセンスがいいと文章のセンスまでよくなるものか、と思われました。

感性を磨くのは楽しい——住まい塾の実践

許された一生涯の中で、感性を磨いていくことほど楽しい作業はないように思われます。しかし大半の人は、他に何かもっと大事にしたいものがあるらしく、感性を磨くことに重きを置くような人生を送ろうとする人は少ないようです。

感性を磨くという楽しい作業をせずに、自分はいったい何を求めてきたのだろう——といったん立ち止まって、静かに人生を見つめ直してみるのもいいのではないかと思います。

住まい塾本部は設計者の集団ですが、こうしたことに対してどのように取り組んでいるかを1日の流れを通してここに紹介します。

○6時50分　登塾時刻（東京本部）
○7時〜40分　清掃（掃き掃除・拭き掃除）
　何せ江戸時代の商家ですから2階にはいまだガラス戸がありません。風の強い日などは砂埃で大変なのです。それに落葉樹に囲まれていますから、秋には落葉集めが朝の重要な日課となります。まわりに咲いている花を摘んで、所々に置かれた花入れに挿し、季節を楽しむ。そのうち花器と花とのバランス感覚も養われていきます。

○7時45分～8時

茶の時間。別に抹茶を点《た》てるわけではありません。茶葉の可能性いっぱいに緑茶の味を引き出すこと。住まい塾では茶をうまく淹れられないと、設計スタッフとしての評価は上がりません。

○昼食（日替わりの当番制）

メニュー、買出し、調理、後片付けまで基本的に一人でやります。調理、器選び、盛り付け、配膳、器の扱い、また皆で食べることで食べ方の基本的な訓練の場となります。

〝すべてに美しく〟が目標です。これによって料理の腕前も上がるし、食事にまつわる全般の感覚も養われていきます。

○4時

本部の仕事はこの時間で終わりです。

通常の会社よりも終業時間が早いことによって、近場の個展や音楽会、映画などにも慌てずに行くことができます。時間をどう使うかは本人次第ですが。

余談ですが、市中に多く見られる簡易なプラスチック容器の弁当は、住まい塾本部では原則禁止です。美しい弁当箱などとんと見ることがなくなりましたが、漆芸家・本間幸夫氏の小振り二段重にきれいに詰めて、布に包んで持ってくる女性スタッフがいます。日本の良き伝統を感じさせてなかなかいいものです。

その他、本部詰めスタッフ以外も全員、各自の清掃分担箇所が決まっていて、脱衣洗面、浴室、窓ガラス拭き等の清掃を行います。また年1、2回は全スタッフで大掃除、周囲の草刈りも年数回行います。中にはろくすっぽ掃除などしたことがないまま大きくなった秀才も混じりますが、住まい塾のお父さんはそんなことは許さない——厳しいのです。

気持のよい生活をするためにできることは、限りなくあります。整理整頓に始まり、灯り、家具のレイアウト、手持ちの絵画も掛軸も季節ごとに掛け替えること——。最近は茶の湯に親しむメンバーも増えてきましたから、2階の和室で時々抹茶を点てる時間を取ったりしています。いまだ褒められたレベルに達してはいませんが、本部ではこうしたことを淡々と行っています。

センスは多分に天性のものといわれますが、焦らずに繰り返していけば、その人なりに成長していくものです。どんな人でも生活を楽しむうちに、生活感覚は知らず知らずのうちに磨かれていく——こうして我々は自らの生活の中で自らを充足させていくことができるようになるのです。

終章　住まい塾の家づくり

家は「三者」でつくる

以前は、「お宅の展示場どこにあります？」とか、「モデルハウスを見たいんですが」といった問い合わせの電話がかかってきたものですが、最近ではホームページを見た方から、メールをいただくことが多くなりました。また、インターネットで「自然素材」などを検索してたどり着いた方からの連絡も多くなりました。

住まい塾の家づくりには明確な特徴があります。それは、ある理念・理想のもとに集まった人間たちの手でつくられているということ、集められた人材によってではなく、共感という共通認識を元に自然に集まった人達によってつくられる、ということです。

設計者、職人・施工者、ユーザーがこのような形で集まって家づくりに取り組むシステムは、これまでにはなかったのではないかと思います。しかし、こうした家づくりの形は、単に住まい塾の特徴というだけでなく、これからの家づくりにおいても一つの普遍的な形にならなければいけないと私は考えています。住宅が「商品」となってしまった世の流れに歯止めをかけ、住む人の夢を実現し、つくる人の熱気と喜びを取り戻す道は、それ以外にないと私には思えるのです。

新しい「伝統」を創りだす

住まい塾は、特別な住宅をつくろうとしている訳ではありません。豊かな空間を持った住宅を、ローコストで、しっかりつくり上げること。伝統から学ぶべきは学び、なおかつ、その空間は現代人の生活にふさわしいものであること――目指しているのは、これだけのことです。

しかし、住まい塾の家づくりは特別のことのように考えられているようです。訓練された設計者が設計し、訓練された職人の手で、材料の選定や仕入れを工夫して、極力本物の素材で家をつくる――こんな普通のことが、なぜ特別のこととして扱われなければならないのでしょうか。

住宅展示場のようなニュータウンで、在来構法の住宅がさっぱり売れなかったという話を、前の著書に書いたことがあります。「どちらがしっかりできているか」「どちらが長持ちするか」と問いかけたら、おそらくほとんどの人が「在来」と答えたに違いありません。しかし、プレファブやツーバイフォーなどの構法に、在来構法の家は勝てませんでした。

テレビや新聞での宣伝効果もあると思いますが、こうした流れは、その後も改まることはなく、むしろ拡大しつつあるようです。この原因を、当時私は、「〝選ぶ側に観る眼がない〟で片付けてはいけない」「在来構法の住宅に魅力がないことこそ原因だ」と訴えましたが、この思いは今も変わっていません。

やはり、内部・外部を問わず、出来上がった住宅の空間に魅力がなかったから、建主に選ばれなかったのだと思います。工場で生産される住宅や、部品を組み立てるだけの「貧しさ」とは違った意味で、在来構法でつくられた家もまた「貧しさ」を感じさせたのです。

商品化した住宅の性格はどれも同じように映ります。その一方で、在来構法の住宅は単に昔ながらのスタイルを継承する以上のものになり得ていません。しかも在来の方が、商品化住宅の影響を受けて、逆に歪んだ傾向すらはらんでしまっています。軽佻浮薄な住宅の商品化を嘆くなら、同時に昔のままを伝統と呼び続けてきたことも反省すべきなのです。皮相な流れに対抗もできずに、何が伝統でしょうか。

伝統構法は、在来軸組構法という呼び方で今も生き続けていますが、昔のスタイルを表面的に踏襲してきただけで、「伝統、伝統」という割に、伝統の本質をさっぱり学んでいないように思います。だからこそ、底力を持ち得ないのです。こうした怠慢を尻目に、商品としての住宅は、今や大勢を占めています。しかし、「ユーザーのニーズ」「社会のニーズ」に応えるという美名のもとに、大衆の表層の欲求をくすぐり続け、今日あるべき姿への提言なしに、住宅を完全に市場の道具にしてきた結果、愛着の薄い住宅をつくり続けることになりました。

建築は現代から未来へ向けて、数百年間生き続けなければならないものです。特に住宅は、世代も時代も超えて、人々の多様な生活を受け容れていかなければならないものです。それゆえに、回顧ではなく新しい伝統の創造のためにこそ、伝統を学ばなければならないのです。伝統への対し方も、スタイルから入るのではなく、もっと日本に暮らす私たちの精神的な、感性的な特質の面から入って、日常生活を総点検していく作業が必要なのです。そうした努力なしには、伝統への関心も結局は、回顧趣味以上のものにはなり得ないのです。

私はかねてより、住まい塾の設計スタッフたちとこの問題について話し合い、各自、日常の生活を見直すことを心掛けるようにしています。この問題は設計者のみならず、職人・施工者にも、またユーザーにも共通していえることではないかと思います。家づくりに関わる全ての人が、日常生活の見直しと生活者としての鍛錬を必要としているのです。住まい塾の活動は全て、こうした思いを土台に組み立てられています。

住まい塾の三つの構成員

①建てたい人（ユーザー会員）

住まい塾の「ユーザー会員」は、インターネットで情報を集めても、実際に展示場を見て歩いても、満足できる住宅に巡り合えなかったという方々がほとんどです。これから家を建てようとする人が中心ですが、商品化住宅が世に蔓延している今、これまでの住宅のあり方に疑問を持つこうした人達こそが、これからの住宅の流れを変えていく原動力になっていくはずです（図133頁参照）。

そのほか、家づくりに失敗して駆け込んできた人、住宅問題に関心を持つ人、住まい塾の理念に賛同する人、住宅の問題から住文化全般について掘り下げて考えたい人など、会員の意識の持ち方はさまざまです。鍛鉄の作家もいれば画家や彫刻家、陶芸家、漆芸家もいます。教育者もいれば、草の根運動家もいます。それぞれが問題意識を持って参加しています。私は、こうした人々の参加に、日本の住宅の流れが変わっていく予感を感じています。「一粒の麦も死なずば」の心境です。

②設計する人

住まい塾の活動は、住宅をレベルアップさせるには、設計者・施工者・建主の総合的なレベルアップが必要である、との考えに基づいています。また家づくりの専門家として、資質・人間性の点でこの考えに共感できた設計スタッフが、情熱を持って活動しています。

どんな組織にも、建築に熱意を持てば持つほど仕事に充実感を見いだし得ないでいる設計者が少なからずいるはずです。そうした人々も迎え入れることのできる、オープンな体制を整えています。また、住まい塾のさまざまな問題を全員で討議する「スタッフ会議」を毎月開いています。

③つくる人（賛助会員）

「賛助会員」には、実際に工事に関係する施工業者・職人・材料メーカーを中心に、さまざまな職種の人達が参加しています。

日本の住宅はこのままではいけない、と感じている人は広範にいます。また、それを現実に改善していくには技量の裏付けが必要です。この「賛助会員」もオープンな性質の集団となっており、住まい塾本部からは独立して活動を行っています。ここでは、施工業者同士がつながることによって、技術的な交流や連携を図ることができ、ひいてはそれが住まい塾で家をつくる人々全体に貢献できることを目的としています。

現在、賛助会員は、施工業者、製材所ほか材料メーカーなどを中心に約70社、その他さまざまな工芸家や造園家、また工事保険の人達も参加しています。とにかく、「いい仕事をしていきたい」、そんな信念を持った人達が集まってくれています。

施工業者については、北海道から屋久島まで賛助会員の範囲は広く、この人達の熱心な活動は、設計スタッフ同様、住まい塾の貴重な財産となっています。

以上、三つの集団が一体となって、住まい塾が出来上がっています。

住まい塾の活動——4本の柱

住まい塾の実践活動は図43のように、〝家づくりは三者（建主・設計者・施工業者）のスクラムワーク〟という考えを明快に表しています。家づくりは①②③に囲まれた④の部分で行われます。住宅を改善していくには①②③個々の改善とともに、これらに囲まれた④の部分を改善していく必要があるという認識に立って活動をしています。

①「よさ」がわかる建主になる

家づくりの「スクラムワーク」では、三者が単に役割を分担するのではなく、「それぞれが重なり合いながら役割を果たす」ことが大事になってきます。設計者・施工者の役割は目に見え、具体的で判りやすいのですが、第一の柱である建主の役割はなかなか判りにくい。

建主の役割の第一は、要望のあり方そのものにあります。その要望が住宅の出来上がりを決定するのですから、自身が何を望んでいるのかをよく判っておかねばなりません。家ができて、生活を始めてから「ああ、ここはこうしたかった……」では遅いのです。

「よき要望者」は、その気になればすぐなれるようなものではありませんから、日頃から要望の源泉たる生活をしっかりして、感覚のシェイプアップを心がけることが大切です。

第二に、つくり手たちに意欲を持たせられる人であること。気持よく仕事をさせられる人になるには、ともに職人達と歩む人になることと、率直に喜びと感謝を表現できる人になることが欠かせません。つくり手たちへの厳しさは、そのベースがあってこそ効果を発揮するというものです。共感をベースにした家づくりなら、きっとそれができるはずです。

もう一つ大事なことは、設計者の選択は建主にしかできない、ということです。この大切さについては第三章「設計者の二つの役割」で触れましたが、もし設計者があなたの夢や希望、あるいは言葉にならない潜在的な要望を的確に感じ取って、それを表現できる人であったなら、家づくりの第一関門は突破とみていいでしょう。

残念ながら、日本の家づくりはほとんどがこのスタートラインで躓いています。この躓きがどれ程退屈な住宅を生んできたことか。設計者を厳しく選ぶこと、これが真のスクラムワークの始まりなのです。

これから家を建てようという方が、建主として「スクラムワーク」に関われるように、住まい塾では「定例勉

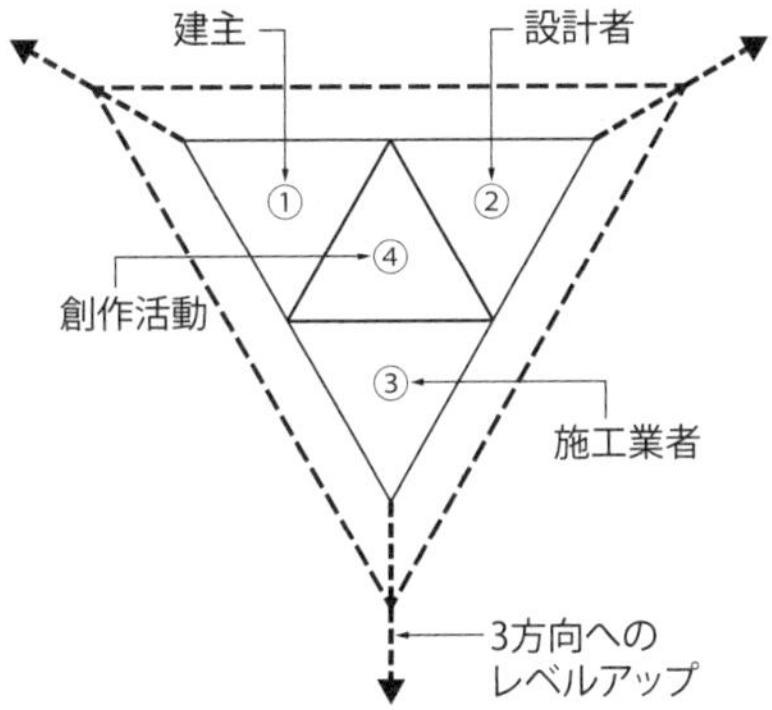

図43　住まい塾の４本の柱

強会」と「見学会」を行っています。毎年1月と8月を除く10回、うち7回が各本部での定例勉強会、残り3回が見学会となっています。この形で35年続けてきました。

「定例勉強会」では、家づくりに際して、ぜひ知っておいてほしいこと、私達が伝えたいことをテーマに、映像を交えたり、素材に触れたりしながら住宅の本質について学んでいます。「見学会」は、定例勉強会で学んだことを、自分の身体で総合的に感じ取る機会です。工事途中の骨組の段階や、完成した住宅の見学が中心ですが、時には木製建具や建具金物の製作工程を見学したり、山に出かけて林業の実態や、製材所を見学することもあります。

見学会の目的は、人に触れ、建物に触れ、家づくりに関わった人の経験に触れながら、頭でっかちにならないように実寸大の体験をすることにあります。この見学会は、図43（前頁）で表した①②③の三者が、一堂に会して学び合う機会ともなっています。

勉強会で私は、家づくりをよく音楽に喩えることがあります。音楽は、作曲家が作曲し、演奏者が奏すれば単独で存在するように思われがちですが、いい演奏をしても聴衆がわからなければ「音楽」の場は成立しません。聴く人との感応関係が成り立たなかったら、音楽の感動はそこにはないでしょう。そういう意味で、演奏者が不断の訓練を必要とするように、聴衆もまた不断の努力を必要とされていると言っていいと思います。

もちろん建主は聴衆ではありませんが、いい家づくりを望む人たちにとっても、よいものに触れて、感覚的なシェイプアップを図っておくことが大事だと私は言いたいのです。

勉強会では、そのための機会をできるだけ多く設けています。工事中の住宅や完成した住宅に直接触れる機会をつくっているのも、工芸家たちをサロンに招いて、その作品に触れ、語り合う機会を設けているのも、全ていろいろな角度から感覚的なシェイプアップを図ることが重要だと考えているからです。

②住宅の質を決める設計者

第二の柱は、設計者の実力向上及び養成に向けての活動です。強化合宿やテーマを決めての勉強会や具体的な課題を設定しての活動を通じて、設計者としての資質向上を目指しています。このほか設計者と賛助会員とが合同で、設計上の課題や、工事上の質的改善に向けて、適宜、会議を開くなど活動を続けています。

また、大学等の教育機関では全く不足している住宅設計、特に木造住宅について学ぶ場として、住まい塾内に「設計者養成塾」を設けて訓練を続けています。

住宅の質のおそらく8割以上を決定するのが設計者です。その養成・再訓練は、日本の住宅の今後の流れを占う意味でも、また職人育成の今後を占う意味でも、きわめて重要な課題となっています。結果的に住まい塾の設計スタッフの大半が、ここで基礎訓練を受けて本部の設計スタッフとなっています。

設計者の中でも特に住宅設計者は、設計技量の問題ばかりでなく、一人の人間・一人の生活者として、日々精進を重ねていくことが何よりも大事になります。

住まい塾の設計スタッフは、朝7時から、掃き掃除・拭き掃除、玄関への打ち水、そして一輪の花を活けることから1日の仕事を始めます。そして「茶の淹れ方も知らずに建築ができるか」とやられます。また、昼には当番制で食事づくりもしています。こうして、地上に与えられた素材の一つひとつの命を生かす心掛けなくして、設計者は務まらないことを体験的に学んでいきます。

教育は、学者や研究者がするものと相場が決まっていますが、設計者を育てるにはそれではあまりに不十分というものです。最大の教育は、自分で自分を教育することです。設計者が作家然として、自分の世界に安住するのも、また社会問題に無関心のままでいるのも、教育の段階からすでに、そのような芽を育てる意志が欠落しているからだと私は感じています。

時には、山に出かけて樹木に触れ、製材所に足を運んで材木に触れる。実際に建物をつくっている職人達に接して生の声に耳を傾ける――若い学生たちにこそ、このような経験が必要であるというのに、教育する立場の人間がこのような経験をしないまま育っているのです。いきおい、知識以外に語るものを持たなくなるのです。

この養成塾はあくまでオープンな、独学を助ける自習塾のようなものですから、熱意のある方なら専門家・素人を問わず、どなたでも参加できるようになっています。

③なぜつくり手を組織化するのか

第三の柱は、施工業者・職人の改善・改革に向けての活動です。住まい塾は施工部隊ともいうべき賛助会組織を持っていますが、施工業界は歴史も長く、職種も多岐にわたっているだけに、改善・改革の最も困難な世界と言っていいと思います。日々足元に忙しく、時代感覚になかなか目覚めないといった状況が、この35年間で、どれだけ本質的な改善ができたかと考えると、暗たんたる思いがありますが、さまざまな課題に取り組みながら、賛助会のメンバーは改善を重ねてここまで歩んできたのです。

ここで施工業者の集団化の必要性について考えてみましょう。

職人の育成・発掘とともに課題となっているのが、施工業者の存続そのものへの不安です。なかには棟梁自らが工務店主のケースもめずらしくなく、「社長が現役のうちはいいけど、その先どうなるんだろう……」という声を時々耳にします。大きい会社ですら安心といえない時代となりましたが、長期にわたって信頼に足る施工体制をいかにつくり上げるかは、この業界の大きな課題なのです。

住まい塾と方向性や時代認識を同じくし、かつ一定のレベル以上の施工技術を持つ施工業者・工務店を組織化する必要があると思ったのは、広域的な家づくりに必要だっただけでなく、後継者問題への不安を払拭しなければ、家づくりを続けていくことが困難になっていくと考えたためでした。

もちろん、メンテナンス等の第一の対応責任は、担当した施工業者にありますが、それが叶わぬ事態となった時にどうするか？　住まい塾で家をつくった人達が、将来にわたって公平なメンテナンス・サービスが受けられるように、施工業者がフォローし合う体制が必要だと考えたのです。それが賛助会組織です。

この体制はまだ完璧な形にまでは至っていませんが、個人にまかせ切りだった責任を賛助会全体で果たしていくというあり方は、メンテナンス・サービスに対する不安を大幅に軽減できるという意味で明らかに前進なのです。

④「創作」は三者のスクラムワーク

家づくりという創作活動は、これまで述べてきた3本の柱が重なる形で、共感をベースにした建主・設計者・施工者が、それぞれの思いや考えをぶつけ合いながら進められていきます。三者が互いに信頼し合い、思いを共有することで、住宅の方向性は変わっていく、これこそが〝創作〟なのです。3本の柱のどれを欠いても創作はありえません。

この創作活動はもちろん、住宅をつくるための活動ですが、同時に大工や左官といった職人達を育てるという意味もあります。職人の技術は仕事によってしか磨かれませんし、仕事を通じてしか技術は伝承されません。その職人達の技術への信頼に基づいて設計者は図面を引き、この図面に基づいて工事が進められる――このようにして一棟の住宅はつくられるのです。

建主の立場から見れば、家づくりは文字通り「自分の住まいをつくること」ですが、施工者・職人、設計者を含めた三者のスクラムワークとして見ると、単なる家づくり以上に大きな意味を持つことになります。そこにあるのが、それぞれが育て合う関係なのです。そして、こうした家づくりを継続的に続けていくことでしか、「伝統的な家づくり」の技術や知恵は残すことも、伝えていくこともできないのです。1000年を超えて受け継がれてきた伝統も、一度、途絶えてしまえば、もうそれっきりです。

私達は「百棟より一棟の模範」を心がけ、時間がかかっても、家づくりのスクラムワークを途絶えさせないように、設計者、賛助会員の発掘・養成をしながら歩み続けていこうと思います。

流通ルートの改革に向けて

「高くて良い」は普通です。
「拙《まず》くて高い」は最悪です。
「良くて安い」は最良ですが、最も困難です。

この最良かつ最も困難な課題に挑もうというのですから、少々骨が折れるのです。はじめにお断りしておきますが、あくまで「良くて、安い」のです。「良い」方が先なのです。質が現状のままで安くなってもあまり意味はない、と思うからです。これを現実のものとするために、住まい塾はさまざまの方法を試み、実践しています。

いいものをつくるための集団――これは考えようにもよりますが、それだけなら大して難しいことではありません。いい人材を集めればいいのですから。ところが、「しかも安く」となると、話は急に難しくなります。

既成の流通ルートを飛び越して資材を入手しようとすれば、まず問屋筋から文句が出ます。そもそも、年に1軒なのか、10軒なのか、それとも100軒になるのかわからない発注なのに、流通ルート改革も何もありません。しかし数がどうであれ、具体的な体制として整わなければ、実践に至る前に理念倒れに終わってしまう――。

白井研究所に在籍していた当時、白井晟一の仕事は「予算の悩みもなく、理想の仕事ができるだろう」と周囲からうらやましがられたものでした。しかし、現実にはいつも予算に頭を痛めていました。予算が少ない、というのではありません。常に予算以上のことをしようとするから、悩んでいたのです。ここでの10年間に、私はさまざまな経験をしました。

ある教会を担当した時のことです。見積金額は、いつものことながら予算を大幅にオーバーしていました。うち木工事費が7000万円ほどを占めていました。仕方なく、この分を見積書からはずして、自分たちで材料の発注から大工職人の手配までをすることにしました。広島で原木丸太を調達し、研究所の庭で割り出した原寸表に基づいて現地挽きしてもらい、工事は近くの大工さんに頼んでやってもらう――なかなか大変な作業でしたが、5000万円弱で出来上がりました。3割弱のコスト減です。

大量に使う石にしても、通常のルートで仕入れると大変な金額になってしまいます。ここでも予算削減のために海外での現地交渉や現地加工といった苦心の策がしばしば出ました。

こうした経験から、入手の方法が違えば、信じられないほど金額に差が出ることを肌で学んだのです。「我々にできることが、なぜあなた方にはできないのか！」と詰め寄っても、この流通ルートの改革は、個人にはできても業者にはなかなかできにくいこともわかってきました。煩瑣《はんさ》ですし、流通で生計を立てている人達が数多くいるわけですから、当然のことです。

しかし、それよりも大きかったのは、既成のルートを使えば電話一本で済む仕事を、わざわざ現地に足を運んで交渉するなどという殊勝な人はまずいない、ということです。製品の世界ならともかく、分業化され、習慣や義理のしがらみに生きやすい建設の世界では、その必要もなく、結局は改善を試みる立場の人もいなかったのです。

こうした建設業界全般の体質が、流通ルートの改革を困難なものにしています。住まい塾で流通ルートの改善とその協力体制をつくるのに、かなりの歳月を要したのも、このあたりに大きな原因があります。それは、商論理のシステムではない、人材のシステムづくりの過程であったともいえます。

そして今、施工業者・職人はもちろんのこと、材木・建材・左官・照明・金物、さらに造園や各種工芸家に至るまで、住宅の完成までに必要なほとんど全ての職種にわたって賛助会員を得、かなり改善された体質での家づくりが可能となりました。

完成見学会で確かめてほしいこと

〝いい家づくりは、いい人間関係から〟——私はこのことを言い続けてきました。しかし家が完成するまで良好な関係を維持し、その後も続けていくことは簡単なことではありません。

「いい住宅が欲しい」「いい工事がしたい」「いい設計がしたい」と望む関係者の間にさえ、しばしば意見の衝突や、くい違いが生じるものです。こうしたプロセスを踏みながらどの地点に収束させていくのか――これはものづくりの永遠の課題と言っていいと思います。

これから家をつくろうとする方は、見学会での設計者、施工業者・職人との出会いを通じて、次のことも確認してほしいと思います。

・求めるところを共有できそうか
・完成して喜びを共有できそうか
・苦労をともにできそうか

このことを建築に即して具体的に表現すると、こうなります。

・素材感が自分達の感覚と重なるか
・空間の性質に共感できるか
・ものごとの価値観、生活感が重なりそうかこれが、共感と信頼をベースとする家づくりの土台になると思います。

〝完璧な施工業者などいない〟ということを学ぶのも、見学会の意義ではないかと思います。施工業者は少なくとも15種以上に及ぶ職人達の集団ですから、いろいろな人がいて当たり前。完璧な業者などいる訳がありません。いる訳がないのにいると思い込むから不平がいっぱいになるのです。これまで700棟も経験してきて言うのですから、間違いありません。

住まい塾の施工業者は「賛助会員」と呼ばれていますが、この時代にあって職人集団としてレベルの高い施工業者であることに間違いありません。それでも、個々に思い浮かべてみると、

・いい仕事をするし、コストもほどほど——だが、いつでも工期が遅れる
・いい仕事はする、コストも合格、情熱もある——しかし、経営手腕がおぼつかない
・工期はきっちり守る、いい仕事もする、人間も気骨があっていい——が、コストが高め
・建物の出来、コスト、熱意、人間——総合的に合格だが、メンテナンス対応に難がある

といった風です。これが現実です。

なかには熱意もある、仕事もいい、いろいろ工夫を重ねてコストも合格——しかし社長曰く、

「工期のある仕事はしたくねえ……」。これもまた困りものです。

こんな風ですから、完璧な業者などいないものだと覚悟しておくこと。そうすればもっと穏やかな気分で家づくりに取り組めるというものです。

街並みをどう創出するか

土地に関する問題については、まだ実現はしていませんが、住まい塾では当初より、一戸一戸の住宅をつくり続ける活動とともに、土地を共同で求め、まとまった住環境を残していくという活動も構想として持っていました。活動に共感する土地所有者に加わってもらい、これまでの家づくりに加えて、豊かな住環境を一体となってつくる取り組みも幾度か試みてきました。しかし、それはまだ実現には至っていません。多くの場合、〝相続〟という厚い壁が立ちはだかったのです。

相続問題によって、住み続けてきた土地から出て行かなければならなくなった人や、手入れの行き届いた見事な庭と住まいがマンションや細切れ住宅となっていく様子を、私はいくつも見てきました。その結果、どのような環境が新たに生まれてきたか。多くはマンション業者に、多くは建売分譲業者に安く買いたたかれて、最終的に購入する人が高い価格で買わざるを得ないようになりました。

「土地は公のものなり」と主張する人もいますが、新しくつくり出された環境・建築、そして立ち並ぶ高額な住宅やマンションのどこに、そんな理想の欠片《かけら》が見出せるでしょうか。我々の住宅地は、夢もポリシーもないまま、商売の道具として売り買いされ続けてきたといっても過言ではありません。

現に住んでいる住宅や宅地を金に換算して、即、金の支払いを命ずる現在の相続税法には、大きな問題があります。特に都市部では、それまで住み続けてきた土地や住まいを、有無を言わさず取り上げ、人間生活の歴史と想い出を奪い、かつ良好な住宅地の環境をどんどん破壊せしめてしまっている、という二重の意味で重大な罪を犯し続けていると思います。

こうしたことが個人の手でなされたなら、明らかに残虐行為でしょうが、法という名のもとに行われれば罪なしとされるのはいかなる理由からでしょう。そんな悲しい状況の人ばかりではないとはいっても、こうした状況に置かれている人々が少なからずいることも事実なのです。

街づくり、街並み保存がさわがれる一方で、良好な住宅地の多くはこの相続という問題によって崩壊し続けています。何かもっとゆるやかにつなぐ方法はないものかと思います。

私は長い間、こうした問題に一矢を報いる方法がないかと考えてきました。まずは土地を利潤追求の道具としか考えないような人間達に渡さないこと、そして、土地も産地直送のように、手放す人と求める人を極力直結していくこと、もう一つは、手放さなければならなくなったとしても、せめて以前より豊かな住環境をそこに創出せしめることです。

いずれの方法も、土地の持ち主が思いをともにしてくれなければ難しいことではありますが、このうち「豊かな住環境の創出」については、すでに実践しています。一例として、一つの敷地内に2棟を計画して建てた東京都板橋区や中野区での経験や、神戸で3棟隣接して建てた経験から、個人の所有である家や植栽が数件まとまった時に及ぼす、街並みへの影響には計り知れないものがあることが判りました。その一角には、1軒の住宅や庭では為し得ない、連続した豊かな空間をつくり出せたのです。

住宅問題は「私」一人にできることから、政治的レベルの問題まで、多岐にわたっています。しかし変えていくには、いずれにしても自分達にできることを精一杯やっていく以外、改革への道はありません。

イギリスは住宅も街並みも美しいことで知られています。それも、民間の運動から始まりました。人々の地道で長い努力の蓄積が、住宅政策に熱心な政治家を生み育て、現在のような家々の並ぶ街並みができあがったのです。住まい塾の活動が、よりよい住環境をつくり出す一歩となるよう、私達は日頃より取り組んでいます。

あとがき

人間のすみかを「住みか」、動物のすみかを「棲みか」と書くようです。

動物の巣づくりを山中で見ていて、人間よりはるかに失敗が少ないかもしれない、と思うようになりました。彼らは本能に従って……ということは、生まれる前から備わっている身体感覚に従って場を選び、間違いのない一つの形式をもって、自分達の巣をつくるからです。しかし人間は頭脳が発達しているだけにさまざまな形式を生み、その傍ら、すみかに対する自らの身体感覚をおそろしいほど損じてきました。

私は次の言葉をこよなく愛しています。

〝建築家とは人々に喜びを与える才に恵まれた者のことである〟

時に成功しないこともありました。寂しい結果に終わったこともこれまで幾度もあります。しかしそれでも決して手を抜いたり、気を抜いたりしたことはありません。生涯この仕事を通じて、人々に住む喜び、空間の喜び、建築の喜びを伝え続けられたら、と願っています。

《美しい街の夢》

一人一人の選択によって1軒1軒の家が変わり、街並みが変わり、日本という国の風景が変わっていく……。家が、街が、国土が美しいからといって人の心が美しくなるという保証がある訳ではありません。しかし私は夢見るのです。美しい空間、美しい建築、美しい街の中で目覚め、挨拶を交わし、語り合うことを……。美しいものへの眼差しは、平和への眼差しでもあります。

我々の住宅はどうあるべきなのか、我々の身体深くに閉じ込められ、眠ったままになっている家への夢と希望がどんなものであるのか、あったのか。これを探るためにも定期的に開かれている住まい塾の勉強会にぜひ足を運んでほしいと思います。今日の住宅はあまりにも〝すみか〟から離れ過ぎてしまったのです。

最後に、元原稿のボリュームが多過ぎたことに端を発して、編集担当の福田祐介さんには一方ならず苦労をかけてしまいました。数年に亘り適確なアドバイスを戴いたことに、この場を借りて深く感謝申し上げます。

二〇一八年七月三十日

高橋修一

高橋修一（たかはし しゅういち）
1947年、秋田県湯沢市に生まれる。《住まい塾》代表。東京理科大学工学部建築学科卒業。同大学建築学科助手を経て、73年から白井晟一研究所。83年に《住まい塾》を立ち上げる。「豊かな空間を、太い柱や梁など確かな骨組みでしっかりと支えつくり上げること。伝統から学ぶべきは学び、その空間を現代人の生活にふさわしいものとすること。そして、なによりも美しくあること」をモットーに、設計者・施工者・建主の共感関係をベースとした家づくり活動を展開。これまでに手掛けた住宅は700棟を超える。著書に『新版 知的住まいづくり考』（TBSブリタニカ）があるほか、「住宅建築」「建築知識」などに住宅の図面や写真、論考を多数掲載する。
《住まい塾》ホームページ　https://sumai-jyuku.gr.jp/

いい家をつくるために、
考えなければならないこと
《住まい塾》からの提言

発行日――――2018年9月25日　初版第1刷

著者――――高橋修一
発行者――――下中美都
発行所――――株式会社平凡社
東京都千代田区神田神保町3-29　〒101-0051
電話　(03)3230-6593［編集］
(03)3230-6573［営業］
振替　00180-0-29639
装幀――――design POOL
印刷――――株式会社東京印書館
製本――――大口製本印刷株式会社

ISBN978-4-582-54464-0　NDC分類番号527
四六判(19.4cm)　総ページ264
平凡社ホームページ　http://www.heibonsha.co.jp/